办公巧匠

主 编	王文森	皮昭忠	何 水			
副主编	徐 莉	李 亚	洪 梅	王 旭	向 平	蔡正军
参 编	赵建国	苟印东	石治勇	谭 剑	周姗姗	陈文碧
	钟显平	黄学兰	宋 峰	夏哲卿	游 明	周永建
	瞿张维	周小燕	彭 芬	刘桂莲	谭晟勃	刘 娇

北京工业大学出版社

图书在版编目（CIP）数据

办公巧匠 / 王文森，皮昭忠，何水主编 . — 北京：北京工业大学出版社，2021.5
 ISBN 978-7-5639-7961-5

Ⅰ . ①办… Ⅱ . ①王… ②皮… ③何… Ⅲ . ①办公自动化 Ⅳ . ① C931.4

中国版本图书馆 CIP 数据核字（2021）第 108586 号

办公巧匠
BANGONG QIAOJIANG

主　　编：	王文森　皮昭忠　何　水
责任编辑：	李倩倩
封面设计：	知更壹点
出版发行：	北京工业大学出版社
	（北京市朝阳区平乐园 100 号　邮编：100124）
	010-67391722（传真）　　bgdcbs@sina.com
经销单位：	全国各地新华书店
承印单位：	唐山市铭诚印刷有限公司
开　　本：	710 毫米 ×1000 毫米　1/16
印　　张：	16.25
字　　数：	325 千字
版　　次：	2023 年 4 月第 1 版
印　　次：	2023 年 4 月第 1 次印刷
标准书号：	ISBN 978-7-5639-7961-5
定　　价：	45.00 元

版权所有　　翻印必究

（如发现印装质量问题，请寄本社发行部调换 010-67391106）

前 言

伴随着计算机的普及，各种办公软件成为日常工作和学习中必不可少的工具。熟练掌握办公软件的使用技巧，可以有效地提高工作和学习效率。

本书依照项目教学的理念，虚拟了一个刚毕业进入公司上班的主人公李华，通过李华在工作中遇到的一些问题来展开学习。本书的目的是使学生掌握计算机硬件组装、软件办公的应用能力，为其日后走向工作岗位打下坚实基础。本书可作为中等职业学校计算机应用及相关专业教材，也可作为社会培训班的技能培训用书，还可作为国内相关行业人员的自学参考书。

全书共四篇，即思维篇、基础篇、技巧篇和在线篇。思维篇包括职业思维；基础篇包括计算机硬件的选购与组装、操作系统安装与应用、办公外围设备；技巧篇包括计算机维护与故障排除、Office应用技巧、即时通信工具应用技巧、图片处理技巧、影音处理技巧；在线篇包括在线办公技巧。

全书以办公使用频率较高的案例作为编写对象，突出实用性，注重培养学生的实践操作能力。除思维篇外，全书均采用项目任务的方式，通过精心编排的项目内容介绍办公软件中的日常应用，使学生在积极主动地解决问题的过程中掌握就业岗位所需技能。每个任务都通过清晰的步骤和丰富的插图来进行展示，既便于教师授课，又便于学生自学。编者在每个任务末尾都精心安排了任务实训，以帮助学生及时巩固所学内容。

由于编者水平有限，书中难免存在不足之处，敬请读者批评指正。

目　录

思维篇 ··· 1

职业思维 ··· 3

基础篇 ··· 9

项目 1　计算机硬件的选购与组装 ··· 11
　　任务 1.1　认识与选购计算机硬件 ··· 12
　　任务 1.2　组装计算机 ·· 25

项目 2　操作系统安装与应用 ·· 38
　　任务 2.1　安装操作系统 ··· 39
　　任务 2.2　应用软件安装与系统优化 ·· 57

项目 3　办公外围设备 ··· 68
　　任务 3.1　打印机 ··· 69
　　任务 3.2　扫描仪 ··· 82
　　任务 3.3　投影机 ··· 86

技巧篇 ··· 91

项目 4　计算机维护与故障排除 ··· 93
　　任务 4.1　Windows 10 基本操作与设置 ····································· 94
　　任务 4.2　常见故障诊断与处理 ··· 101

项目 5　Office 应用技巧 ·· 117
　　任务 5.1　Word 应用技巧 ·· 118
　　任务 5.2　Excel 应用技巧 ·· 142

1

任务 5.3　PPT 应用技巧 ………………………………………………… 157

项目 6　即时通信工具应用技巧 ……………………………………… 172
任务 6.1　如何利用微信高效办公 ……………………………………… 173
任务 6.2　如何利用 QQ 高效办公 ……………………………………… 185

项目 7　图片处理技巧 …………………………………………………… 191
任务 7.1　如何便捷制作标准证件照 …………………………………… 192
任务 7.2　如何制作精美的日历 ………………………………………… 200
任务 7.3　如何制作团建海报和墙报 …………………………………… 207

项目 8　影音处理技巧 …………………………………………………… 213
任务 8.1　录　屏 ………………………………………………………… 214
任务 8.2　视频格式转换——格式工厂 ………………………………… 223

在线篇 ……………………………………………………………………… 231

项目 9　在线办公技巧 …………………………………………………… 233
任务 9.1　电子邮件的定时发送 ………………………………………… 234
任务 9.2　在线文档 ……………………………………………………… 235
任务 9.3　在线问卷 ……………………………………………………… 239
任务 9.4　在线直播 ……………………………………………………… 242
任务 9.5　在线会议 ……………………………………………………… 247

参考文献 …………………………………………………………………… 252

思维篇

职业思维

职业是参与社会分工,利用专门的知识和技能,为社会创造物质财富和精神财富,获取合理报酬,作为物质生活来源,并满足精神需求的工作。

1. 职业道德规范

社会是一个复杂的、有机的系统,每个系统都有其保持运转的规则与轨迹,保持秩序规范,社会发展才能平衡和协调。所谓规范,是指人们在一定情况下,应该遵守的各种规则。职业人遵守社会行为规范,主要体现在遵守国家法律法规、遵守行业(职业)规矩和行业(职业)道德三个方面。道德告诉人们在国家法律法规和行业规矩之外,还要认真遵守职业道德行为规范:

①爱岗敬业,忠于职守。爱岗,就是热爱自己的工作岗位,热爱自己的本职工作。敬业,就是用一种恭敬严肃的态度对待自己的工作。忠于职守,就是要尽职尽责,遵守职业纪律,坚守工作岗位。

②诚实守信,宽厚待人。诚实,就是说老实话,办老实事,做老实人。守信,就是守信用,言必行,行必果,言行一致。"宽厚待人",责己要厚,责人要薄。宰相肚里能撑船,说明做人要严以律己,宽以待人:对待别人要宽容,要求自己要严格。

③办事公道,服务群众。在职业活动中,处理问题、办事情要公平、公正、公开。

④以身作则,奉献社会。"以身作则,奉献社会"是职业道德行为规范对从业人员最高的要求。

⑤勤奋学习,开拓创新。勤奋学习包含了两层意思:一是勤能补拙,二是要树立终身学习的观念,也就是"学不可以已"。"创新"的本质是突破,"创新"活动的核心是"新"。

2. 职业规则

(1) 专注你的工作

你要使你的努力在忙忙碌碌的办公室为人所知。如果你只是埋头苦干,人们可能很难记得。你要做一点突出的东西,以便能让你从众人里脱颖而出,并

使人认识到你的潜力。达到上述目标的最好方法,则是将自己完全地投身于工作中,并忘记其他事情。如果在你所做工作的环境中,存在大量的流言蜚语、恶意中伤、社会应酬等,那么,这就不是在工作了。所以,你应该紧盯你的目标,长时间专注你的工作。

(2)永远不要止步不前

大多数人每天工作只是出于这样的一种考虑:赶快把工作做完,并打道回府。你决不可以。你一定不要静止不变。对别人而言,拥有一份工作,并待在那儿就足够了。但对你来说,工作绝不是你的目标,相反,它仅仅是实现目标的一种手段。在你的计划中,你投入工作的所有活动,都应该围绕目标来展开。你必须将提升看作一种运动。你想突破停滞,你就需要运动;你要拥有根基,你就不得不喜欢运动。凡运动,你就不能端坐在背后并无所事事。一句话,你决不能静止不变!

(3)喜欢自己正在做的事情

如果你不喜欢自己,你会怎么样?如果你在工作中,毫无快乐可言,那么你在做事的时候,也就不会有什么收获。其实,说喜欢自己所做的工作并不丢脸。办公室中似乎有一种莫名其妙的规则,人们经常抱怨自己的工作,并且一个接一个地抱怨。对你来说,决不能这样。一旦你认识到工作是快乐的,而且你还要比别人更加快乐,那么,你很快就会发现,自己的步履变得轻松了,自身的压力减少了,而你的风度也霎时增加了许多。工作就是快乐,你要将它深深地刻在自己的心上。

(4)养成微笑的习惯

你还记得那首诗吗?如果你能让自己头脑冷静……很好,但怎样才能让别人知道你头脑冷静呢?很简单,就是微笑。你要始终如一地微笑。在早上和同事打招呼的时候,你要微笑;在和人握手的时候,你要微笑;在事情进展顺利的时候,你要微笑;在面临极度困境的时候,你也要微笑。总之一句话,你要时时刻刻保持微笑。

(5)呈现出你的自信与活力

当你早上从办公室走过的时候,你应该让自己的步履像弹簧般轻盈,而不是表现得像爬行的蜗牛,或者像刚刚从床上爬了起来。你要带着清新和活力到达办公室,然后从容对待一天的工作。

但是,你也不要显得太快,那会使你看上去比较莽撞。你应该努力控制自己的步履,使之显得流畅、从容,既不要急急忙忙、懒懒散散,也不要畏畏缩缩,像打败了的公鸡,而要表现得欢快、清新、活泼,并充满热情。

（6）善于言谈

我们之所以说话，是因为我们希望与人沟通，喜欢向对方传达信息。因此，用何种方式说话不会成为问题，但是，说话是否清晰就成为一个问题。说话清晰，就是在说话的时候，应该能将自己的意思清晰表达出来。为此，你要避免如下的一些不良方式：说话咕咕哝哝，说话太"绵"，声音太小，任何限于某团体或阶层的说话方式。为了让自己言谈得当，在说话时，你应该记住如下几个关键词汇：流利、清晰、令人舒坦、简洁。

（7）写一手漂亮的字

我们之所以写字，主要有两个目的。其一，是为了让别人阅读；其二，是为了让自己阅读。如何写给自己看，这并不重要。你即使写字潦草也无所谓，只要没旁人看见，就不要紧。但是，如何写给别人看，就非常关键、非常重要了。你可以从两个方面看待自己的书写方式：写的内容如何、写的字迹如何。假如你经常写一些东西，那么你必须在以下方面多加注意：清晰、易读，整洁，有自己的风格，字迹成熟，前后一致。

假如你打字多一些，那么，建议使用宋体、五号字，相对地保守一些，也可以使用黑体或斜体，并适当在文字下增加下划线。特别是，你永远不要混用字体，这会使你显得不稳重，不成熟。字号大小也要保持一致。

（8）认识你的优点和缺点

为了认识你的优点和缺点，首先，你要认清自己的角色，也就是你的工作方式。你可以将创造性看成一种优点，因为这表示你不拘小节、能提出新的方案，而不是发现或依据它们工作。但是，这些确实是优点吗？假如你不属于"贯彻者"或"完成者"，那么，这对你而言就是缺点。而真正能成为你的优点的，应该是坚定不移、勤奋、耐力、预测力、一致性、工作踏实和有条理。哦，这的确是优点吗？因此，在你对自己的优点和缺点进行判断之前，你应该知道自己所扮演的角色。

很多人认为，发现自己的优点和缺点意味着，他们可以消除一些坏的东西，而只保留一些好的东西。但是，这并非事实。这也不是疗法。现实是一个真实的世界，我们每个人都有自己的缺点。真正的秘诀在于，学会与它们共存，而不是试图让自己变得更加完美，这个不现实，也不可能。你可能会发现缺点不一定是一无是处的，既然这样，你能把它变成优点吗？想一想吧。

（9）真诚地赞扬他人

本规则的关键之处在于"真诚"。你绝不能油腔滑调、假惺惺或者虚伪地称赞别人。赞扬必须做到真实、诚实、公开、坦率并富有意义。在你赞扬他人

的时候，应当确保自己不会因为轻率或意图追随别人而遭受指责。你应该保证赞扬的专业水准或者与工作相关。

（10）善于提问

提问能够表现出你的关注和喜爱，能说明你感兴趣，善于思考，考虑周到，聪明而富有创造性。愚蠢的、无趣的和懒惰的人才不提问题。一般说来，提问是一件非常好的事情。这说明你很在意你的同事。但需要注意的是，你在提问时一定要诚恳、真挚而友善，而且必须提那些有价值的问题。

（11）了解所在行业的法律

你的公司有任何违法行为吗？你违反了法律吗？你了解你所在行业的法律吗？你必须了解可能被要求去做的事，知道哪些事是合法的，哪些又是违法的。一些行业的法律非常细微和琐碎，你在无意识的情况下就可能违法。

（12）做好工作记录

如果你的上司让你完成某项工作，而你做了记录——当着他们的面——他们就很难指责你做错了或者做晚了。令人惊讶的是，最不起眼的细节往往会造成严重的混乱——除非你在第一时间把这些细节记下来。我们都会遗忘一些事情——日期、时间、细节等。一旦我们做了笔记，以后就能作为参考。事实上，我们常常会因发现自己有多健忘而大吃一惊。

（13）了解企业文化

每个企业、公司和产业集团，甚者一个小办事处都拥有自己的文化。了解企业文化会为你创造优势，把握关键，获得成功。理解就是力量。

文化是指人们的行为方式。这种文化有时是由企业主导产生的，但大多数情况下是人们集体创造的产物，无须计划或者战略就能自然孕育形成。你不必完全接受这种企业文化，也不必将它作为自己的信仰，你要做的就是融入其中。

（14）掌握企业语言

融入其中意味着你能够遵循企业文化，而掌握企业语言是其中很重要的组成部分。如果大家都说俚语，那你也必须这么说。因此，花点时间，听听办公室里所使用的语言，这是非常重要的。

（15）理解群体的团队含义

人们总喜欢组成一些友好和安全的小团体——家庭、朋友、同事、城镇、国家、民族、辖区等——并全力捍卫这些团体。如果你威胁到了这些小团体——或者说，有人觉得你威胁到了这些小团体的利益（这一点很重要）——他们就会不高兴。所以千万不要这样做。你要明白，理解这种团体的含义至关重要，而融入群体也很重要。不要因为我告诉你必须融入群体，你就放弃自我，成为复制品或者丧失了自己所有的个性。你要做的是认识并理解群体精神，而后运用这种精神来树立你的个人优势。

（16）付诸行动

如果你打算付诸行动，你就必须树立正确的风格，衣着得体，言语合宜，举止得当，做出正确的反应并选择合适的态度。而要做到以上几点，你就得准备好时间来实施一个四点计划：观察、学习、实践、融合。如果你做到了以上四点，你就实现了自身的飞跃。

（17）着眼于未来

当说了所有该说的话，做了所有该做的事以后，你只不过是完成了一份工作。而这并不能代表你的健康、你的爱情、你的家庭、你的孩子、你的生活或者你的灵魂。工作只不过是工作。对，我明白你需要钱等其他东西，但工作本身只是一份工作，而生活还有其他内容。

如果今天一天的工作都不尽如人意，人们可能一连好几天都过不好。但一天一天分开来看，这只不过是令人不快的一天而已。你必须学会切换：放松，不要太认真，更多地享受生活，并着眼未来。

培养一种爱好，你就赢得一种生活。你必须为谋生而工作，但你不应该把工作当作你的生活。不要把工作带回家——学会果断地说不。

3. 职业精神

职业精神是与人们的职业活动紧密联系，具有职业特征的精神与操守，从事这种职业就该具有精神、能力和自觉。

社会主义职业精神由多种要素构成。这些要素相互配合，形成严谨的职业精神模式。职业精神的实践内涵体现在敬业、勤业、创业、立业四个方面。

（1）敬业

敬业是职业精神的首要实践内涵，即社会成员特别是从业者对适应社会发展需要的各类职业特别是自己所从事的职业的尊敬和热爱。

（2）勤业

古人说"业精于勤"。职业精神必须落实到勤业上。为了做到勤业，我们不仅要强化职业责任，端正职业态度，还需要努力提高职业能力。

（3）创业

"创新是一个民族的灵魂，是一个国家兴旺发达的不竭动力。"职业发展的动力在于创新。

（4）立业

全面建成社会主义现代化强国是我们所要"立"的根本大业。各行各业的职业精神必须服从和服务于这个大业。

在不断推进中国特色社会主义伟大事业，实现中华民族伟大复兴的征程中，从事不同职业的人们都应当大力弘扬社会主义职业精神，尽职尽责，贡献自己的聪明才智。

基础篇

项目 1　计算机硬件的选购与组装

项目目标

◎知识目标

①了解计算机硬件系统的组成部分。

②了解各硬件的选购要点。

③掌握组装计算机的步骤和注意事项。

◎能力目标

①能够根据不同需求列出相应配置单。

②能够熟练组装计算机。

◎思政目标

①通过分组共同完成学习任务来培养团队合作意识和责任意识。

②通过对任务实训中学生所列配置单中配件的品牌、价格等的评价，培养学生正确的消费观，戒除虚荣、攀比之风。

③通过对计算机配件组装过程及注意事项的讲解，培养学生踏实、务实的工作作风。

项目导图

项目 1 知识体系框架如图 1-1 所示。

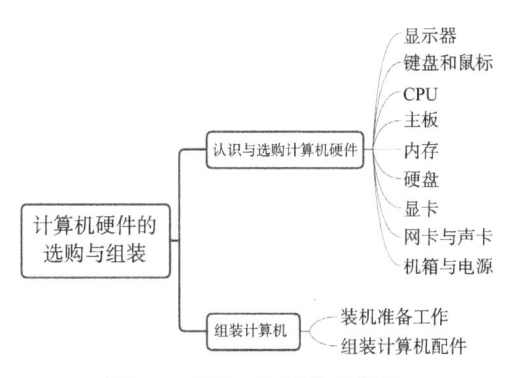

图 1-1　项目 1 知识体系框架

任务 1.1　认识与选购计算机硬件

情景导入

> 李华从中职计算机专业毕业后，应聘到重庆一家科技公司做技术员。最近，公司企划部要新招两名员工，需要提前组装两台电脑，一台用来做平面设计，一台用来办公。企划部刘主管找到李华，想让李华帮忙列两份对应的配置单。李华根据市场行情列出了两份配置单。刘主管道谢后，拿着配置单高高兴兴走向了采购部……

计算机系统由计算机硬件系统和计算机软件系统两部分组成。计算机硬件系统是物理上存在的实体，是构成计算机的物质基础。计算机软件系统是我们通常所说的程序，是计算机上全部可运行软件的总和。具体如图 1-2 所示。

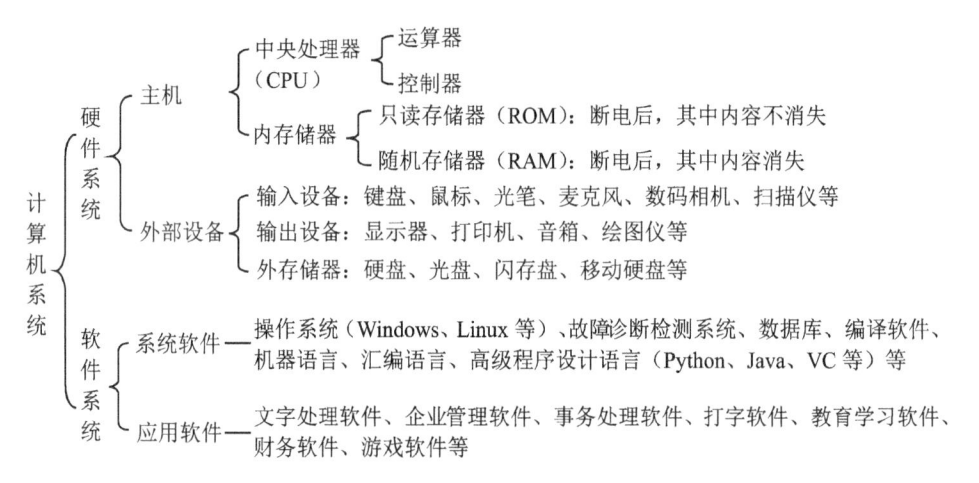

```
                        ┌ 中央处理器  ┌ 运算器
                 ┌ 主机 ┤ （CPU）    └ 控制器
                 │      │
                 │      └ 内存储器  ┌ 只读存储器（ROM）：断电后，其中内容不消失
          ┌ 硬件 ┤                  └ 随机存储器（RAM）：断电后，其中内容消失
          │ 系统 │
          │      │           ┌ 输入设备：键盘、鼠标、光笔、麦克风、数码相机、扫描仪等
计算机系统┤      └ 外部设备 ┤ 输出设备：显示器、打印机、音箱、绘图仪等
          │                  └ 外存储器：硬盘、光盘、闪存盘、移动硬盘等
          │
          │ 软件 ┌ 系统软件 ── 操作系统（Windows、Linux 等）、故障诊断检测系统、数据库、编译软件、
          └ 件   ┤            机器语言、汇编语言、高级程序设计语言（Python、Java、VC 等）等
            系统 │
                 └ 应用软件 ── 文字处理软件、企业管理软件、事务处理软件、打字软件、教育学习软件、
                              财务软件、游戏软件等
```

图 1-2　计算机系统的组成

计算机硬件系统的组成部件在接口、尺寸等方面大多遵循一定的标准，用户可以根据需要自由选择、灵活配置。计算机硬件的基本配置如图 1-3 所示。打开一台计算机的机箱，可以发现里面主要包括各种板卡、电源线、数据线等，机箱内部结构如图 1-4 所示。

图 1-3　计算机硬件的基本配置　　　　图 1-4　机箱内部结构

计算机配件都是按照国际标准生产的，用户只要掌握了计算机的组成便可以组装自己需要的计算机。综合来看，在目前的台式计算机中普遍采用的基本硬件设备主要有显示器、键盘、鼠标、CPU、主板、内存、硬盘、显卡、声卡、网卡、电源、机箱。笔记本计算机的硬件构成与台式计算机基本类似，只是将台式计算机的电源换成了电池加电源适配器，同时去掉了机箱。随着技术的不断发展，一些原本作为计算机标配的硬件设备，如软驱、光驱，现在已经基本被淘汰了。

1.1.1　显示器

1. 显示器简介

显示器（Display）即计算机屏幕，通常也被称为监视器，如图 1-5 所示。显示器是计算机将内部数据转化为可视化信息后，向人们展示计算机运行状态和运算结果的设备。显示器属于输出设备，分为阴极射线管显示器（CRT）、液晶显示器（LCD）、电子管显示器（LED）等大类，其品种比较繁多，大小不一。如今，阴极射线管显示器已基本退出市场。

图 1-5　显示器

2. 显示器的选购

在选购液晶显示器时，主要考虑以下几个技术参数。

（1）屏幕尺寸

液晶显示器的屏幕尺寸是指液晶面板的对角线尺寸，通常以英寸为单位（1英寸=2.54cm）。目前，在台式计算机中，液晶显示器的屏幕尺寸主要有21英寸、23英寸、27英寸等几种类型，其中23英寸和27英寸是目前的主流。

（2）接口类型

计算机显示器常见的接口主要有 HDMI、DISPLAY PORT、DVI、VGA 等4种接口，如图1-6所示。组装计算机时一定要注意，显示器接口必须与电脑主机显示卡接口一致。

（a）DVI、HDMI、DISPLAY PORT 接口　　　　（b）VGA 接口

图1-6　显示器接口类型

由于种种原因，目前部分液晶显示器在与计算机主机连接时，依然通过传统的 VGA 接口进行连接，这样显示器接收到的视频信号由于经过多次转换，不可避免地造成了一些图像细节的损失。因此，在选购显示器时应尽量避免购买只提供 VGA 接口的显示器。

（3）平面显示器和曲面显示器

传统的液晶显示器都是平面显示器。曲面显示器是指面板带有弧度的显示器，如图1-7所示。如果购买显示器的用途主要是看电影或玩游戏，那么可以选择曲面显示器，但如果显示器主要是用来进行平面设计、视频编辑等专业工作，那么还是建议选择传统的平面显示器。

图1-7　曲面显示器

1.1.2 键盘和鼠标

1. 键盘、鼠标简介

键盘（Keyboard）是最常用也是最主要的输入设备，通过键盘（图1-8）可以将英文字母、数字、标点符号等输入到计算机中，从而向计算机发出命令、输入数据等。

鼠标（Mouse）是计算机的一种外接输入设备，也是计算机显示系统纵横坐标定位的指示器，因形似老鼠而得名，如图1-9所示。鼠标的使用可以使计算机的操作更加简便快捷。

图1-8　键盘 　　　　图1-9　鼠标

2. 键盘、鼠标的选购

键盘目前通用的是104标准键盘，共有104个按键，接口主要分为PS/2接口及USB接口两种。鼠标目前基本都是光电式鼠标，接口主要是USB接口。

在选购键盘和鼠标时，虽然可以考虑的因素不多，但罗技、双飞燕、微软等名牌键盘和鼠标无论在做工还是在质量上都要好于那些杂牌的键盘和鼠标。在选购键盘时，可以优先考虑防水键盘。对普通键盘而言，如果不慎将水洒到键盘上，就必须立即拔掉键盘插头，待水完全干透后才能使用。而具有防水功能的键盘，则不必担心这些。通过键盘上密布的小孔，洒到防水键盘上的水能直接漏出来，而不会接触到键盘上的电路板。

随着技术的不断发展，近年来无线键盘和无线鼠标越来越多，其中蓝牙无线键盘和鼠标的价格相对较高。另外，键盘、鼠标厂家针对用户需求，也推出了机械键盘和游戏鼠标。游戏鼠标不光在外形上有别于普通鼠标，其快捷按键、自定义设置等都更加方便游戏用户使用。机械键盘由于每一个按键都由一个独立的微动开关组成，因此按键段落感较强，从而产生适于游戏娱乐的特殊手感，故而通常被视为比较昂贵的高端游戏外设。

1.1.3 CPU

1. CPU 简介

中央处理器（Central Processing Unit，CPU）负责实现运算器和控制器的功能，是计算机中最核心、最关键的硬件设备，如图 1-10 所示。其功能主要是解释计算机指令以及处理计算机软件中的数据。CPU 是计算机中负责读取指令，对指令译码并执行指令的核心部件。CPU 主要包括控制器和运算器两大部件，此外，还包括若干个寄存器和高速缓冲存储器，以及实现它们之间联系的数据、控制和状态的总线。

总之，CPU 的功效主要为处理指令、执行操作、控制时间、处理数据。CPU 相当于计算机的大脑。一台计算机当中的核心计算都是通过 CPU 来进行的，就像没有脑子的人不能生存一样，没有 CPU 的计算机也不能工作。

图 1-10　CPU

CPU 的生产技术难度大、成本高，因而目前世界上能够研发生产 CPU 的公司主要是美国的英特尔（Intel）公司和超威半导体（AMD）公司。Intel 公司的 CPU 主要分为三大系列：酷睿（Core）、奔腾（Pentium）、赛扬（Celeron），分别面向高、中、低端市场。AMD 公司前后曾推出很多不同名称的 CPU 产品系列。从 2017 年开始，AMD 推出了新的产品系列——锐龙（Ryzen），并且也同样细分为 Ryzen 7、Ryzen 5、Ryzen 3 三个子系列。

思政课堂

我国的芯片发展还相对落后，有时还受制于外国的封锁，影响较大的是华为的芯片供应事件。但我们国家现在加大了对芯片产业的扶持力度，我国的"龙芯"处理器已应用于北斗导航。在移动应用方面，华为的麒麟芯片处于世界一流水平。

2. CPU 选购

在台式计算机领域，Intel 的主流 CPU 是酷睿系列，包括酷睿 i3、酷睿 i5、酷睿 i7、酷睿 i9。其中酷睿 i7、酷睿 i9 主要面向高端市场，价格较贵，普通用户使用不多。酷睿 i3 和酷睿 i5 是目前市场上的主流产品，酷睿 i5 系列相对酷睿 i3 系列性能更好，当然价格也要稍贵一些。

Intel 的低端 CPU 主要是奔腾 G 系列，性能相对要弱，但性价比很高。至于赛扬系列，除非特别在意计算机成本，否则不建议采用。目前市场上主流的 CPU 主要是 i3-10100、i5-10400、i5-10400F。

AMD 的几款锐龙系列产品性能都不错，同 Intel 的产品一样，它们之间的差别主要在于核心和线程数量、主频、缓存容量等。需要注意的是，锐龙 7 和锐龙 5 这两款 CPU 都采用了 12nm 制造工艺，而同时期的酷睿 i7 和酷睿 i5 CPU 仍采用的是 14nm 制造工艺。

1.1.4 主板

1. 主板简介

主板也叫母板，安装在计算机主机箱内，是计算机最基本也是最重要的部件之一，在整个计算机系统中扮演着举足轻重的角色，如图 1-11 所示。主板制造质量的高低，决定了硬件系统的稳定性。主板与 CPU 关系密切，每一次 CPU 的重大升级，必然导致主板的换代。主板是计算机硬件系统的核心，也是主机箱内面积最大的一块印刷电路板。主板的主要功能是传输各种电子信号，部分芯片也负责初步处理一些外围数据。计算机主机中的各个部件都是通过主板来连接的，计算机在正常运行时对系统内存、存储设备和其他 I/O 设备的操控都必须通过主板来完成。计算机性能是否能够充分发挥、硬件功能是否足够，以及硬件兼容性如何等，都取决于主板的设计。主板的优劣在某种程度上决定了一台计算机的整体性能、使用年限以及功能扩展能力。

图 1-11 主板

2. 主板的选购

主板是计算机的中心，所有硬件都直接或间接地接到主板上，而且在其他硬件可以随时升级、更换的情况下，主板的升级和更换则会影响到整台计算机，因此用户应选购一款既适合目前使用又具有拓展、升级空间的主板。

选购主板的首要原则是主板要能与 CPU 搭配，即主板上的 CPU 插座要与 CPU 的接口类型相一致。Intel 公司的 CPU 与 AMD 公司的 CPU 接口类型不一致，因此其对应的主板不能混用。另外，同一公司不同代的 CPU，其接口针脚数也不相同，因此也不能通用。其次就是选择主板芯片组及主板品牌，功能强劲的主板芯片组以及一线大厂的名牌产品在性能上要更为稳定可靠。目前规模较大、口碑较好的主板厂商主要有华硕（ASUS）、技嘉（GIGABYTE）、微星（MSI）、华擎、映泰等。

另外在选购主板时，主板的工艺标准也很重要，一款主板的制造工艺是否良好，可通过以下几个方面来判断：

①查看主板做工是否精细，板卡走线布局是否条理清晰，各个焊点是否工整简洁。

②查看主板布局是否合理，是否方便整机系统的散热和以后的硬件升级。

③主板电容对芯片和主板电子部件起到了保护作用，主板电容分为固态电容和电解电容两种。通常，固态电容的性能会比电解电容更好，推荐首选使用固态电容的主板。

1.1.5 内存

1. 内存简介

内存（Memory）也称内存储器或主存储器，用于暂时存放 CPU 中的运算数据，如图 1-12 所示。内存是硬盘等外存设备与 CPU 进行沟通的桥梁，计算机中所有程序的运行都在内存中进行。只要计算机开始运行，操作系统就会把需要运算的数据从内存调到 CPU 中进行运算。当运算完成后，CPU 将结果传送出来。内存的容量是决定计算机整体运行快慢的一个重要因素。

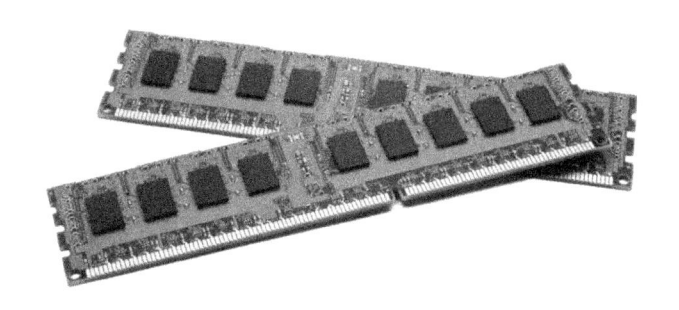

图 1-12　内存

2. 内存选购

用户在选购内存时，主要应考虑容量和频率两个因素。

从性能指标的角度，建议优先考虑内存容量，然后再考虑工作频率。因为与工作频率相比，内存容量对计算机性能影响更大。就 Windows 10 系统而言，至少需要 4B 内存才能流畅运行，建议计算机内存容量最好能达到 8GB。如果是一个经常玩大型游戏的用户，或者说经常有多任务需求的用户，如做直播、处理图像等，那么 16GB 内存甚至 32G 内存更为合适。因为一些大型 3D 游戏，经常需要 6GB 以上的内存，而进行多图片音像处理、多网页浏览、多窗口直播这样的应用，占用的内存就更多了，此时拥有 8GB 以上的内存才能保证系统不会因为内存容量不足而卡顿。

至于内存的工作频率该如何选择，主要应考虑 CPU 的需求。内存是直接为 CPU 服务的，所以内存的工作频率能满足 CPU 的需求即可。例如，两款 CPU，它们所支持的内存类型都是 DDR4-2666，因而应尽量购买工作频率是 2666MHz 的内存。如果内存的工作频率低于 2666MHz，那么就会影响 CPU 的性能；但如果购买工作频率高于 2666MHz 的内存，由于 CPU 不支持，内存的实际工作频率仍然是 2666MHz，同样会造成浪费。除了 CPU 之外，还需要考虑主板。内存只有安装在主板上才能工作，因而内存的实际工作频率还要取决于主板。例如，有些主板最高只能支持 DDR4-2666 类型的内存，那么用户即使购买了更高频率的内存条，也只能按照 2666MHz 的频率运行，从而也会造成浪费。

常见的内存品牌有金士顿、三星、英睿达、科赋、光威、阿斯加特等。其中，光威、阿斯加特为我国国产品牌，其性能经受住了市场考验，深受用户好评。

1.1.6 硬盘

1. 硬盘简述

硬盘是计算机最主要的存储设备，绝大多数程序（数据）平常都是安装（存储）在硬盘上的，运行时，才将它们调入内存；运行结束，再将相应的结果存入硬盘（关机断电后，数据不会丢失）。硬盘有固态硬盘和机械硬盘之分，如图 1-13 所示。

（a）机械硬盘　　　　　　　　　（b）固态硬盘

图 1-13　硬盘

2. 硬盘的选购

机械硬盘的接口为 SATA 3.0 接口，固态硬盘接口有 SATA 3.0、PCI-E、mSATA、M.2（同时支持 SATA 协议和 NVMe 协议）等几种。目前市场上在售的机械硬盘，容量大多在 1～8TB，推荐品牌有希捷（Seagate）、西部数据（WD）、东芝等。而固态硬盘性能较强，但价格较高，容量也相对较小，因而在选购硬盘时，推荐采用机械硬盘＋固态硬盘的组合形式。机械硬盘主要用作备份盘，存储那些不太经常用到的数据，而将那些经常用到的程序（包括操作系统）都安装到固态硬盘中，这样既可以兼顾性能，还可以获得足够大的存储空间。

关于硬盘容量，要注意单位换算的问题。硬盘厂商提供的硬盘容量信息，是按照 1000 进制进行计算的，即 1GB=1000MB，1MB=1000KB 等。但在计算机中因为采用的是二进制，所以容量是以 1024 进制进行换算的，即 1GB=1024MB，1MB=1024KB 等。这样就会出现当硬盘安装到计算机里以后，计算机中所显示的容量比硬盘所标注的容量略小的情况，例如，一块标注是 500GB 的硬盘，安装到计算机里以后实际容量一般都在 460GB 左右。换算方法为：500×1000×1000×1000/（1024×1024×1024）≈ 465.66GB。

> **思政课堂**
>
> 多年来,西部数据、希捷、东芝、三星等国外品牌产品在存储市场上占据着主导地位。但我国一直非常重视自有存储芯片的研发,特别是近两年,使用长江存储、光威等国产存储芯片的硬盘系列产品,如致钛长江存储、光威弈Pro系列产品在市场上备受好评,国产存储芯片逐渐崛起。相信,在不久的将来,我国存储芯片厂商在存储芯片领域将彻底摆脱国外企业的束缚。

1.1.7 显卡

1. 显卡简介

显卡和显示器共同组成了计算机的显示系统。显卡(图1-14)承担输出设备的功能,其工作原理是负责完成计算机中的图像数据处理任务,并对计算机中的显示信息进行转换,然后向显示器发出转换后的信号,以控制显示器正确显示。显卡性能的好坏决定了计算机图像处理能力的强弱,随着人们对计算机视觉效果的要求越来越高,显卡的技术更新和产品换代速度也特别快,显卡也是计算机的核心硬件设备之一。

图1-14 显卡

2. 显卡的选购

(1)独立显卡

很多人在选购独立显卡时习惯以显存容量作为主要参考依据,这明显是以偏概全,决定显卡性能的首要因素是显示芯片(GPU),其次才是显存容量。显存容量能够满足显示芯片的需求即可,太大的显存容量对显卡的性能并没有多大提升。举一个简单的例子,拿一个水杯到一个湖里打水,打到多少水不取决于这个湖的水量有多大,而是取决于水杯有多大。由于GPU在显卡中的重要性,显卡的名字通常都是以"显卡品牌+GPU型号"的组合形式命名的。以"微

星（MSI）Geforce GTX 1060"显卡为例，"微星（MSI）"是显卡的品牌，"Geforce GTX 1060"则表示GPU的型号。其中，"10"代表这是GTX的第十代显卡，"60"代表该显卡在第十代显卡中所处的位次。数字越大，位次越高，性能也就越强。例如，"Geforce GTX 1060"的性能要强于"Geforce GTX 1050"，但要弱于"Geforce GTX 1080"。

（2）集成（核心）显卡

在选购显卡时，需要额外关注的显卡类型是集成显卡（核显）。以往的集成显卡大多是将显示芯片（GPU）集成于主板的北桥芯片中，随着技术的发展，目前的集成显卡大多是集成在CPU中，性能得到了极大提升，名字也相应地改成了"核显"。

Intel和AMD的CPU中大都集成有核显，而且其性能已经超越了很多入门级低端显卡，完全可以胜任普通的学习、工作、娱乐需求。采用核显既可以得到不错的图形效果，还可以使计算机整机成本大幅降低，而且也更有利于计算机系统的稳定和散热。

1.1.8 网卡与声卡

1. 网卡

网卡，即网络适配器，用于网络通信。网卡是一块被设计用来允许计算机在网络上进行通信的硬件，网卡的功能主要有两个：一是将计算机里的数据通过网线（对无线网络来说就是电磁波）发送到网络上去；二是接收网络上传过来的数据，并将其保存到计算机中。网卡又分为有线网卡和无线网卡两类，如图1-15所示。

（a）有线网卡　　　　　　　　（b）无线网卡

图1-15　网卡

通常情况下，网卡是需要安装在主板扩展槽中的一块板卡，不过现在的很多主板都集成了网卡。如有无线网络需求，可购买无线网卡安装在主板上。

2. 声卡

声卡是多媒体计算机的必备设备，其作用是采集和输出声音，它可以将计算机中的声音数字信号转换成模拟信号，输出到音箱中从而发出声音。在声卡上有音箱、耳机和麦克风的插口，可以连接耳机和麦克风，如图1-16所示。一般来说，主板上会集成声卡，但有特殊需求的用户可以购买单独的专业声卡。

图1-16　声卡

1.1.9　机箱与电源

计算机中的电源实际上是一个多功能的变压器，普通的交流电通过它的转换，即可变成适合计算机硬件设备正常工作所需的直流稳压电流。电源是计算机的动力系统，它的功率必须要能够满足所有硬件设备的需求，另外电源的质量优劣也直接关系到计算机的整体运行是否稳定。

机箱负责为所有的硬件设备提供安置的空间，并起着保护计算机设备和屏蔽电磁辐射的作用。机箱和电源如图1-17所示。

图1-17　机箱和电源

在选购时，人们一般会选择板材结实、内部空间合理且外形美观的机箱。对于电源，一般选择400～600W的大品牌电源即可。

办公巧匠

在本任务的情景导入中，李华列出的计算机配置单如表 1-1 和表 1-2 所示。

表 1-1　计算机配置单（设计用）

序号	配置	品牌型号	数量	单价	备注
①	CPU	Intel 酷睿 i5 10400F	1	￥1299	
②	主板	微星（MSI）MAG B460M MORTAR	1	￥759	
③	内存	光威（Gloway）16GB DDR4 2666	2	￥938	
④	硬盘 1	光威（Gloway）弈 Pro512GB SSD	1	￥489	
⑤	硬盘 2	东芝（TOSHIBA）2TB 台式机机械硬盘 P300 系列（HDWD120）	1	￥409	
⑥	显卡	英伟达 NVIDIA Quadro P1000 专业显卡	1	￥2400	
⑦	机箱	爱国者 A15 全侧透	1	￥129	
⑧	电源	长城（Great Wall）额定 500W V5 金牌	1	￥299	
⑨	散热器	九州风神玄冰 400	1	￥89	
⑩	显示器	Redmi 显示器 27 英寸	1	￥999	
⑪	鼠标	双飞燕（A4TECH）OP-520NU	1	￥36	
⑫	键盘	双飞燕（A4TECH）WK-100	1	￥49	
合计				￥7895	

表 1-2　计算机配置单（办公用）

序号	配置	品牌型号	数量	单价	备注
①	CPU	Intel 酷睿 i3 10100	1	￥1199	
②	主板	微星（MSI）MAG B460M MORTAR	1	￥759	
③	内存	光威（Gloway）16GB DDR4 2666	1	￥469	
④	硬盘 1	光威（Gloway）弈 Pro512GB SSD	1	￥489	
⑤	硬盘 2	东芝（TOSHIBA）2TB 台式机机械硬盘 P300 系列（HDWD120）	1	￥409	
⑥	机箱	爱国者 A15 全侧透	1	￥129	
⑦	电源	长城（Great Wall）额定 400W HOPE-5000DS	1	￥209	
⑧	散热器	九州风神玄冰 400	1	￥89	
⑨	显示器	Redmi 显示器 1A 23.8 英寸	1	￥899	
⑩	鼠标	双飞燕（A4TECH）OP-520NU	1	￥36	

续表

序号	配置	品牌型号	数量	单价	备注
⑪	键盘	双飞燕（A4TECH）WK-100	1	￥49	
合计				￥4736	

任务实训

通过对计算机硬件的学习，具备一定基础知识后，请学生实地走访本地电子城或浏览电商平台，然后列出以下3份计算机配置单，标明品牌、型号、数量、价格，且不得与表 1-1、表 1-2 配置单雷同。

a. 列出一份电竞游戏型计算机配置单。

b. 列出一份家用办公、影音娱乐型计算机配置单。

c. 列出一份视频剪辑、专业设计型计算机配置单。

认识计算机的硬件系统

任务 1.2　组装计算机

情景导入

采购部根据李华提供的配置单采购了配件，交给企划部。企划部刘主管又请李华帮忙指导自己部门的小张组装这两台电脑。李华便一边向小张讲解，一边指导他组装。由于李华讲解细致、指导有方，小张不到半天时间就把两台电脑组装好了。

1.2.1 装机准备工作

1. 准备工具

一般情况下，组装计算机时需要用到螺丝刀、尖嘴钳、镊子和导热硅脂等。

（1）螺丝刀

装机时主要使用的螺丝刀是十字螺丝刀。

（2）尖嘴钳

准备尖嘴钳的目的是拆卸机箱上的各种挡板或挡片，以免直接用手拆卸时划伤皮肤。

（3）镊子

我们在组装计算机的过程中，经常会遇到不小心将小螺丝钉掉入主板中的情况，此时便需要使用镊子来夹取螺丝钉。另外，我们还可以使用镊子夹取跳线帽和其他一些小零件。

（4）导热硅脂

导热硅脂是安装 CPU 时必不可少的用品，其功能是填充 CPU 与散热器间的缝隙，以便 CPU 发出的热量能够尽快传至散热片，帮助 CPU 更好地散热，如图 1-18 所示。

图 1-18　导热硅脂

2. 了解机箱内的配件

每个新购买的机箱内都会带有一个小小的塑料包，里面装有组装计算机时需要用到的各种螺丝钉，如图 1-19 所示。

（1）铜柱

铜柱安装在机箱底板上，主要用于固定主板。部分机箱在出厂时就已经将铜柱安装在底板上了，并按照常用主板的结构添加了不同的使用提示。

（2）粗牙螺丝钉

粗牙螺丝钉主要用于固定机箱两侧的面板和电源，部分板卡也需要使用粗牙螺丝钉进行固定。

（3）细牙螺丝钉（长型）

长型细牙螺丝钉主要用于固定声卡、显卡等安装在机箱内部的各种板卡配件。

（4）细牙螺丝钉（短型）

在固定硬盘等存储设备时，必须使用较短的细牙螺丝钉，以避免损伤硬盘内的电路板。

（a）铜柱　（b）粗牙螺丝钉　（c）细牙螺丝钉(长型)　(d)细牙螺丝钉(短型)

图 1-19　机箱内螺丝钉

3. 装机注意事项

（1）释放静电

静电对电子设备的伤害极大，可以将集成电路内部击穿造成设备损坏。因此，在组装计算机前，最好用手触摸一下接地的导体，或通过用水洗手的方式来释放身体所携带的静电荷。

（2）防止液体流入计算机内部

多数液体都具有导电的能力，因此在组装计算机的过程中，必须防止液体进入计算机内部，以免造成短路而使配件损坏。建议用户在组装计算机时，不要将水、饮料等液体摆放在计算机配件附近。

（3）检查零件

将所有配件从盒子内取出后，按照安装顺序排好，并查看说明书是否有特殊安装需求。

1.2.2 组装计算机配件

1. 安装机箱与电源

若购买的是自带电源的机箱，则机箱内部电源已经安装好，可以省略此步骤。若机箱、电源是单独购买的，则需要按步骤进行安装。

机箱上的免工具拆卸螺丝钉可以直接用手将其拧下，在拧下机箱背面的4颗免工具螺丝钉后，向后拉动机箱侧面板即可打开机箱，如图 1-20 所示。

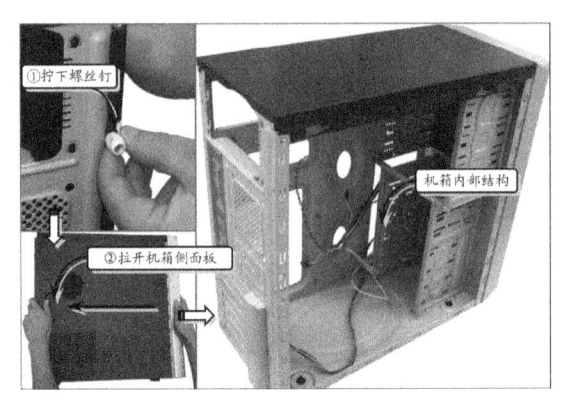

图 1-20　拆开机箱侧面板

卸下机箱侧面板后，将机箱平放，并将电源摆放至机箱左上角处的电源仓位处。然后用粗牙螺丝钉将其与机箱固定在一起，如图 1-21 所示。在将电源放入机箱时，要注意电源放入的方向。部分电源拥有两个风扇或排风口，在安装此类电源时应将其中的一个风扇或排风口朝向主板。

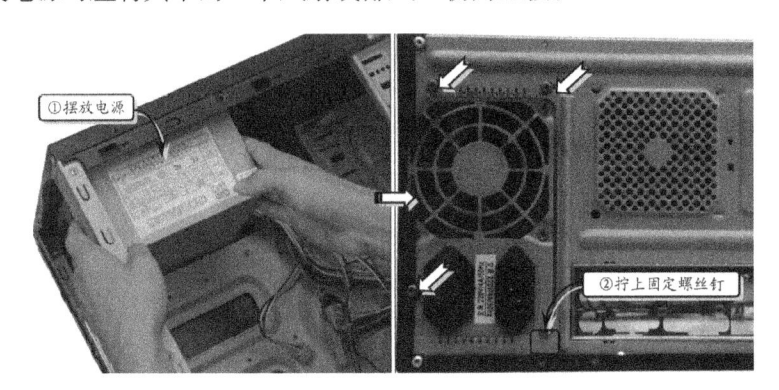

图 1-21　安装电源

2. 安装 CPU 及散热器

在组装计算机时，应先将 CPU 和内存条安装在主板上。这样可避免先安装主板，后安装 CPU 与内存条时操作空间较小的问题。

（1）安装 CPU

在安装之前，需要先来认识一下主板上的 CPU 插座。在这里，我们所使用的主板采用的是 AMD 公司推出的插座，其针孔数量与 CPU 的针脚数量相对应，如图 1-22 所示。安装 CPU 时，首先将固定拉杆拉起，使其与插座之间呈 90° 夹角，如图 1-23 所示。然后，对齐 CPU 与插座上的三角标志，将 CPU 放至插座内，并确认针脚是否已经全部没入插孔内，如图 1-24 所示。

基础篇

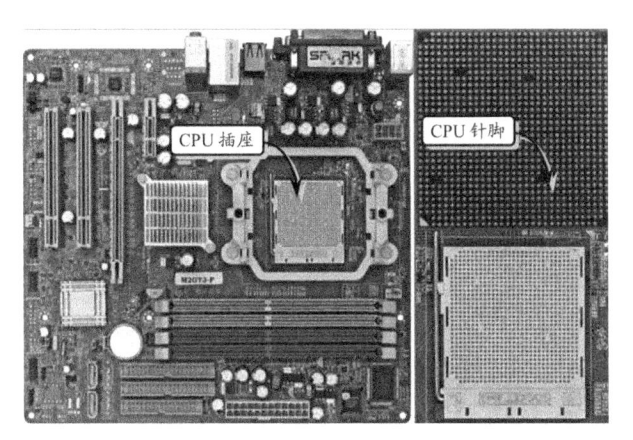

图 1-22　CPU 插座和针脚

图 1-23　拉起拉力杆　　　　　　　　　图 1-24　对齐 CPU 标志

待 CPU 完全放入插座后，将压力杆压回原来的位置即可完成 CPU 的安装，如图 1-25 所示。

图 1-25　将压力杆压回原来的位置

接下来，在 CPU 表面均匀涂抹少许导热硅脂，如图 1-26 所示。

注意：导热硅脂并不是涂得越多越好，而是在填满 CPU 与散热器之间缝隙的前提下，涂得越薄越好。

图 1-26　涂抹导热硅脂

（2）安装 CPU 散热风扇

涂好导热硅脂后，将 CPU 散热器放置在支撑底座的范围内，并将散热器固定卡扣的一端扣在支撑底座上，如图 1-27 所示。然后，将散热器固定卡扣的另一端也扣在支撑底座上。之后，沿顺时针方向旋转固定把手，锁紧散热器，确保散热器紧密接触 CPU，如图 1-28 所示。

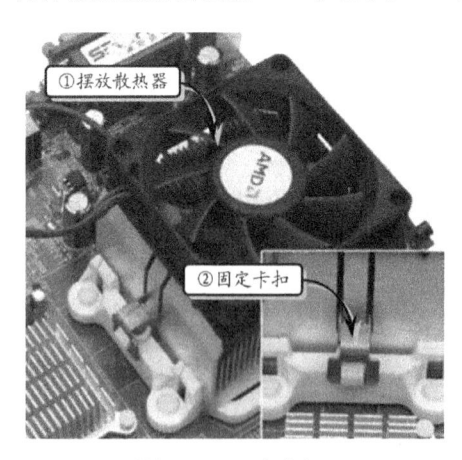

图 1-27　固定卡扣　　　　　　　　　图 1-28　锁紧散热器

锁紧散热器后，检查 CPU 散热器是否牢固。然后，将 CPU 风扇的电源接头插在 CPU 插座附近的 3 针电源插座上，如图 1-29 所示。

图 1-29 连接散热器电源

3. 安装内存条

首先掰开主板内存插槽两端的卡扣，如图 1-30 所示。然后，将内存条金手指处的凹槽对准内存插槽中的凸起隔断，并向下轻压内存条。在合拢插槽两侧的卡扣后，便可将内存条牢固地安装在内存插槽中，如图 1-31 所示。内存插槽中的凸起隔断将整个插槽分为长短不一的两段，其作用是防止用户将内存条插反。

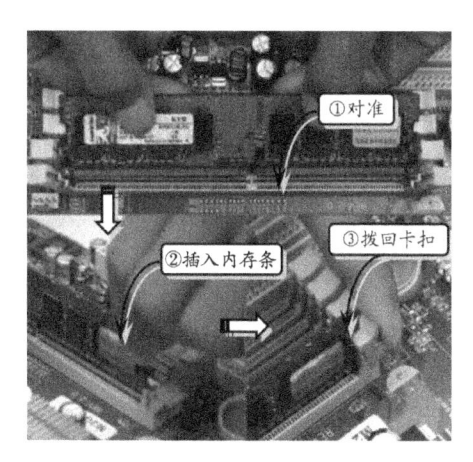

图 1-30 掰开卡扣　　　　图 1-31 安装内存条

4. 将主板装入机箱

安装时，需要先将主板附带的接口挡板安装到机箱背面 I/O 接口区域，如图 1-32 所示。

图 1-32　安装挡片

观察主板螺丝孔的位置，并在机箱内的相应位置安装铜柱，使用尖嘴钳或螺丝刀将其拧紧，如图 1-33 所示。固定好铜柱后，将安装有 CPU 和内存的主板小心地放入机箱中。然后，调整主板位置，以便将主板上的 I/O 端口与机箱背面挡板上的端口空位对齐，如图 1-34 所示。

图 1-33　安装铜柱　　　　图 1-34　放入主板

接下来，使用长型细牙螺丝钉将主板固定在机箱底部的铜柱上，即可完成主板的安装。此时，螺丝钉应拧到松紧适中的程度，太紧容易使主板变形，造成永久性的损伤；太松则有可能导致螺丝钉脱落，造成短路、烧毁计算机等情况的发生。

5. 安装显卡

安装显卡时，要先卸下机箱背面在显卡处的挡板。然后，将显卡金手指处的凹槽对准插槽处的凸起隔断，并向下轻压显卡，使金手指全部插入显卡插槽内，如图 1-35 所示。之后，将显卡挡板上的定位孔对准机箱上的螺丝孔，并使用长型细牙螺丝钉固定显卡，如图 1-36 所示。拧紧螺丝钉后，便完成了显卡的安装。

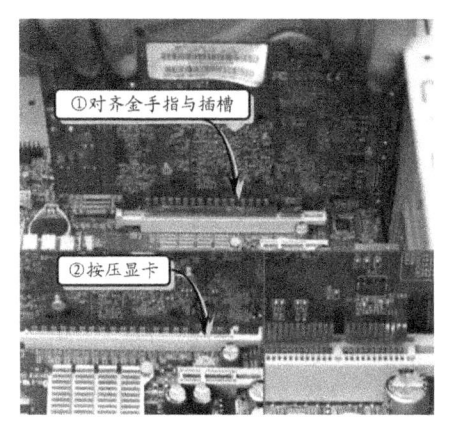

图 1-35 安装显卡　　　　　　　图 1-36 拧紧螺丝钉

6. 安装硬盘

本节以 3.5 寸机械硬盘为例进行讲解。硬盘的安装是在机箱内部进行的，用户需要将硬盘从机箱内部放入 3.5 英寸驱动器托架上，如图 1-37 所示。然后，调整硬盘在驱动器托架内的位置，使其两侧的螺丝孔与托架上的螺丝孔对齐后，即可使用短型细牙螺丝钉进行固定，如图 1-38 所示。

图 1-37 放入硬盘　　　　　　　图 1-38 拧紧螺丝钉

7. 连接组件线缆

（1）安装硬盘数据线和电源线

图 1-39 是主板上的 SATA 接口，该接口对应的数据线如图 1-40 所示。SATA 接口的安装也相当简单，接口采用防插反设计，方向反了根本无法插入。另外需要说明的是，SATA 硬盘的供电接口也与普通的四针梯形供电接口有所不同，图 1-41 是 SATA 供电接口。

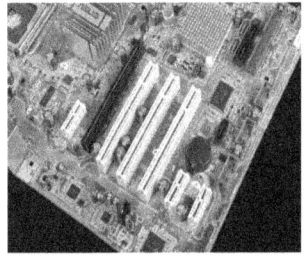

图 1-39　主板上的 SATA 接口 　　图 1-40　SATA 接口对应的　　图 1-41　SATA 供电接口
　　　　　　　　　　　　　　　　　　　　数据线

（2）主板电源线的连接

电源与主板的连接就比较简单了。在主流的主板上，都会有两个接口，一个是 24PIN 的主板供电接口（图 1-42），另一个是 4PIN/8PIN 的 CPU 供电接口（图 1-43），我们只要将这两个接口正确与电源连接即可，如图 1-44 和图 1-45 所示。在一些主板上，还会提供一个梯形的显卡供电接口，如果有则直接与电源的梯形口连接即可。

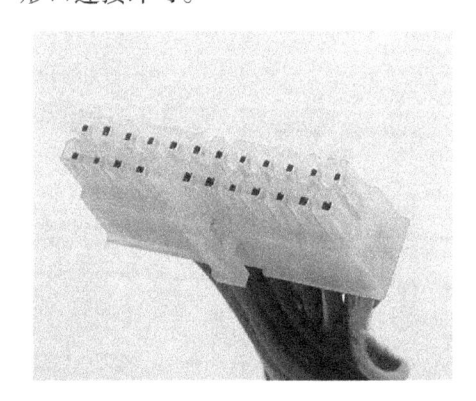

图 1-42　24PIN 的主板供电接口 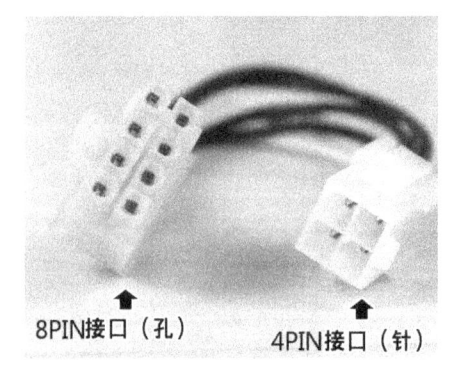　　　　　图 1-43　4PIN/8PIN 的 CPU 供电接口

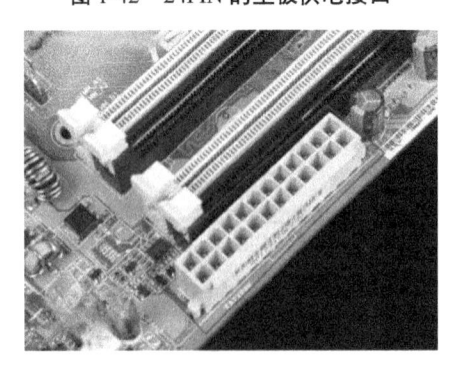

图 1-44　24PIN 的主板供电插槽 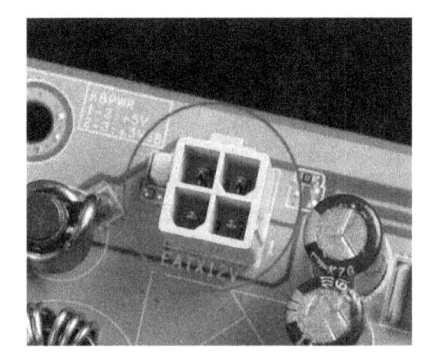　　　　　图 1-45　4PIN 的 CPU 供电插槽

由于电源的24PIN插头采用了防插反式的设计，方向不对无法插入，因此我们只需看好卡扣的位置，正确插入即可。

（3）连接机箱内部信号线

信号线主要包括主板与机箱指示灯、机箱喇叭和开关进行连接时的线缆，以及前置USB接口线缆与前置音频接口线缆等。其中，前置USB接口线缆的插头如图1-46所示。

图1-46 前置USB接口线缆的插头

信号线的插头大都较小，其插座也都较小，加上机箱内的安装空间有限，因此稍有不慎便会插错位置。重要的是，机箱附带的信号线不仅数量众多，种类也各不相同，这使得连接信号线成为组装计算机时较为麻烦的事情之一。

不过，在熟悉插头标识的含义，以及充分了解信号线插座结构的情况下，只要根据主板上的相关标识进行安装即可。这样看来，连接信号线还是极其简单的。信号线各插头标识的含义如表1-3所示。

表1-3 信号线各插头标识的含义

插头及其标识	简写形式	意 义
POWER SW	PSW、ON/OFF、POWER BIN	电源开关
POWER LED	P-LED、LED	电源指示灯
H.D.D. LED	H-LED、D-LED、IDE-LED	硬盘指示灯
RESET SW	RST	复位开关
SPEAKER	SPK	扬声器

35

我们可以通过查看主板的说明书或主板上的图示对照连接，注意区别正负极。5 根连接线中的 POWER SW（电源开关）和 RESET SW（复位开关）可不区分正负极。目前主板上常用不同的颜色区分不同的接口，并在接口上标示出该接口的正极，如果没有标示出正负极，可以按字母书写顺序，开头的位置为正极。信号线连接后的效果如图 1-47 所示。

图 1-47　信号线连接后的效果

8. 安装机箱侧面板

机箱侧面板即机箱盖，其安装方法与拆卸时的流程完全相反。首先平放机箱，分清两块侧面板在机箱上的位置，带有 CPU 风扇导风管的为机箱左侧的面板（前面板面向用户时），另一块为右侧的面板。然后，将侧面板平置于机箱上，并在使侧面板上的挂钩落入相应挂钩孔内后，向机箱前面板方向轻推侧面板，当侧面板四周没有空隙后即表明侧面板已安装到位。最后，使用相同方法安装另一块侧面板，并使用螺丝钉将它们牢牢地固定在机箱上，如图 1-48 所示。

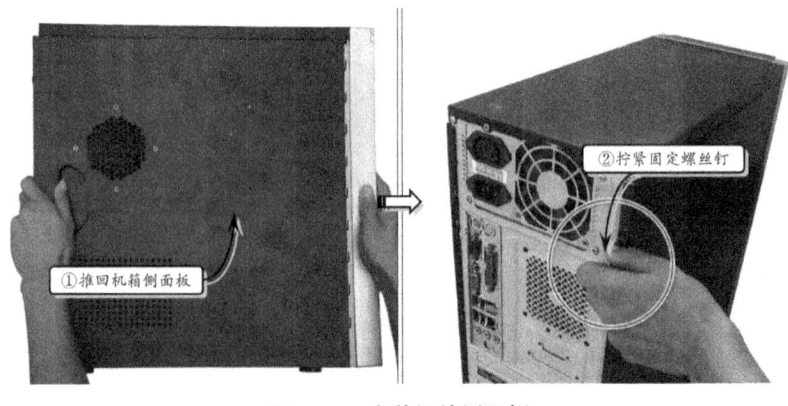

图 1-48　安装机箱侧面板

9. 连接显示器、键盘和鼠标

将显示器的视频线连接到显卡的视频接口，需要注意的是，对于安装有独立显卡的计算机，显示器的视频线一定要接在独立显卡上。就 Intel 平台而言，大部分主板和 CPU 都集成有显卡，显示器直接接在主板上就能用。但如果主板上安装了独立显卡之后，图形处理的工作就自动被独立显卡接管，集成显卡是工作的，视频接口不输出信号，如果将显示器仍然接在主板的视频接口上，那么就会黑屏。显示器连接好后，再连接上键盘和鼠标等外部设备。至此，一台计算机便组装完成了。

任务实训

学生自由分组，按组别分工合作在实训室进行一场组装计算机比赛，用时最短且组装无误的一组获胜。各组对组装过程中的失误、心得体会进行总结。

项目 2　操作系统安装与应用

项目目标

◎知识目标

①了解操作系统的安装方法。
②了解各系统安装方法的优缺点。
③了解常用的计算机办公软件及其安装方法。

◎能力目标

①能够正确制作 Windows 10 系统启动 U 盘。
②能够熟练安装 Windows 10 系统。
③能够熟练安装常用的计算机办公软件。
④能够根据需求适当优化操作系统。

◎思政目标

①通过对 Windows 10 正版系统安装方法的演示，引导学生树立尊重知识产权，拒绝盗版的新风尚，提升法治意识。

②通过对系统安装完毕后，先安装常用软件后优化系统的操作顺序的安排，培养学生做事有规划、全局观、大局观的理念，戒除做事无条理、蛮干的坏习惯。

项目导图

项目 2 知识体系框架如图 2-1 所示。

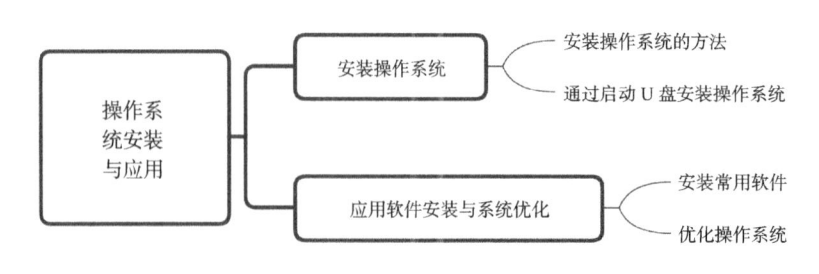

图 2-1　项目 2 知识体系框架

任务 2.1　安装操作系统

认识计算机的软件系统

> **情景导入**
>
> 在项目 1 中，李华指导企划部小张将两台计算机的硬件组装完成了，但这时的计算机还不能投入使用，需要安装操作系统及需要的软件。李华便开始给小张讲解操作系统的基本知识及系统安装方法。

对一台只有硬件系统的裸机，应该先安装操作系统，安装操作系统一般应先制作启动盘，并将计算机设置为 U 盘或光盘启动，然后安装操作系统、安装驱动、配置网络连接、安装应用软件等。

操作系统是最基本的系统软件，它控制着计算机的所有资源并提供应用程序开发的基础。常见的计算机操作系统主要有 Windows 操作系统、Linux 操作系统和 UNIX 操作系统。在个人计算机领域，Windows 操作系统占据了绝对的优势。

> **思政课堂**
>
> 国产操作系统有中标麒麟（NeoKylin）、深度 Linux（Deepin）、华为鸿蒙系统（HUAWEI Harmony OS）等。华为鸿蒙系统是华为公司在 2019 年 8 月 9 日举行的华为开发者大会上正式发布的操作系统。2020 年 9 月 10 日，华为鸿蒙系统升级至 Harmony OS 2.0 版本。华为鸿蒙系统是一款全新的面向全场景的分布式操作系统，它基于微内核打造了一个超级虚拟终端互联的世界，将人、设备、场景有机地联系在一起，一站式解决智能家居、智慧办公、智慧出行、运动健康、影音娱乐五大生活场景，并支持 PC、手机、平板、手表等多设备多硬件，极大地提升了用户体验效果。

2.1.1　安装操作系统的方法

1. 用光盘安装操作系统

用光盘安装操作系统，是比较传统的一种安装方法。随着计算机的硬件系统的不断升级，光盘作为一种使用相对麻烦的存储器，已经逐渐处于市场边缘

地带。目前,市场上大部分新机也都不再配备读取光盘的光驱,加之光盘读取速度相对较慢,人们已基本不再采用这种方式安装系统了。

2. 用微软官方工具 Media Creation Tool 安装操作系统

微软官方系统工具 Media Creation Tool 既可以用来制作启动 U 盘,也可以直接在线安装 Windows 10 操作系统。通过此种方法安装的系统都是最新、完整、原版的操作系统。

3. 用启动 U 盘安装操作系统

用启动 U 盘安装操纵系统是当今市场的主流。相对于光盘,U 盘具有便携性高、读取速度快、重复使用率高等优点。用户可以先通过微软官方工具 Media Creation Tool、软碟通(UltraISO)等软件将系统文件写入 U 盘,然后在计算机上用启动 U 盘安装操作系统。这种安装方法便捷、灵活,一次写入 U 盘可无限重复使用,而且 U 盘的剩余空间仍可保存其他文件,可谓优点多多。

4. 通过 PE 安装操作系统

常见的 PE 有微 PE、大白菜、U 启动等。通过 PE 软件安装操作系统也是非常常见的一种系统安装方式,特别是很多维修人员喜欢使用此种方式。PE 可以理解为一个微型操作系统,内置许多系统维护软件和工具,这也是维修人员喜欢采用这种方式的原因。许多 PE 并不纯净,有的捆绑了推广软件,有的会修改系统设置,因此不建议非专业人员采用此种方式。

2.1.2 通过启动 U 盘安装操作系统

1. 制作启动盘

第一步,准备好一个新 U 盘(如果是旧 U 盘一是要保证质量完好,二是要将 U 盘重要内容备份),容量不低于 8GB。

第二步,启动浏览器,打开 Windows 10 官网下载地址,单击"立即下载工具",下载 windows 10 官方安装工具,如图 2-2 所示。

图 2-2　windows 10 官方安装工具下载

如何制作 Windows 10 启动 U 盘

第三步，运行下载的 windows 10 安装工具 Media Creation Tool，在"适用的声明和许可条款"对话框中单击"接受"，如图 2-3 所示。

图 2-3　"适用的声明和许可条款"对话框

第四步，在"你想执行什么操作？"对话框中选中"为另一台电脑创建安装介质（U 盘、DVD 或 ISO 文件）"，单击"下一步"按钮，如图 2-4 所示。

图 2-4　选中要执行的操作

第五步，在"选择语言、体系结构和版本"对话框中单击"下一步"按钮，如图2-5所示。若要安装其他系统版本，可取消选中"对这台电脑使用推荐的选项"，此时，"语言""版本""体系结构"对应的选框字体由灰色变为黑色，单击右侧的下拉按钮可以选择不同的版本等选项，如图2-6所示。

图2-5　"选择语言、体系结构和版本"对话框

图2-6　自定义语言、版本体系结构

第六步，在"选择要使用的介质"对话框中，选中"U盘"复选框，单击"下一步"按钮，如图 2-7 所示。

图 2-7 "选择要使用的介质"对话框

第七步，在"选择 U 盘"对话框中，选中要制作启动盘的 U 盘，然后单击"下一步"按钮，如图 2-8 所示。

图 2-8 "选择 U 盘"对话框

办公巧匠

第八步，等待系统文件下载完成，如图 2-9 所示。下载完成后，软件会自动验证系统文件并创建 windows 10 介质，如图 2-10 和图 2-11 所示。

图 2-9　下载系统文件

图 2-10　验证系统文件

44

图 2-11　创建 windows 10 介质

第九步，windows 10 介质创建完成后，界面如图 2-12 所示，单击"完成"按钮。

图 2-12　windows 10 介质创建完成

第十步，软件会进行缓存清理，完成之后会自动关闭，如图 2-13 所示。

图 2-13　清理进程

第十一步，待启动盘制作软件自动关闭后，windows 10 系统的启动 U 盘便制作完成了。U 盘内的系统文件如图 2-14 所示。

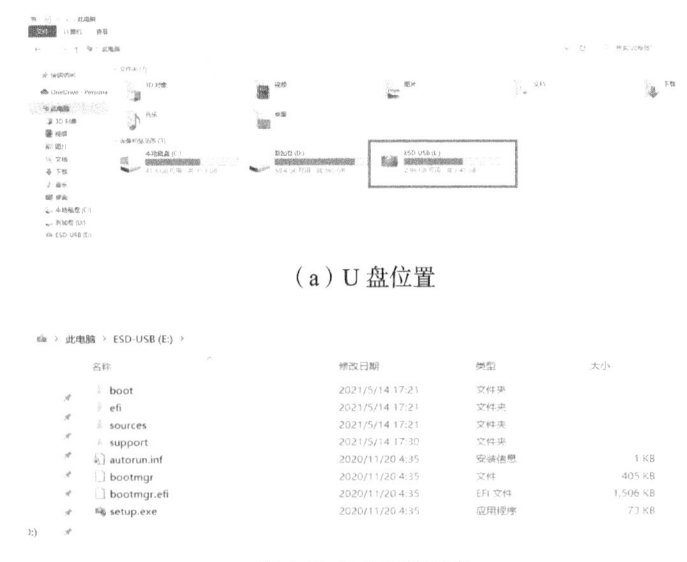

（a）U 盘位置

（b）U 盘内文件列表

图 2-14　U 盘内的系统文件

2. 安装操作系统

第一步，将制作好的启动 U 盘插到待安装系统的计算机 USB 接口上，然后按开机按钮。新计算机会自动进入 Windows 10 系统安装主界面，如图 2-15 所示。如过是之前安装过操作系统的计算机，则需要设置启动项，使开机从 U 盘启动（每台电脑因主板品牌不同，其设置方法不同，具体可参考对应的主板说明书）。

图 2-15　系统安装主界面

安装 Windows10 操作系统

第二步，单击"下一步"，在打开的新界面中单击"现在安装"，如图 2-16 所示。

图 2-16　单击"现在安装"

第三步，在打开的新界面中输入购买的正版 Windows 10 产品密钥，单击"下一步"，如图 2-17 所示。

注意：此时也可以选择"我没有产品密钥"，待系统安装完毕后再输入密钥激活系统。

图 2-17 输入产品密钥

第四步，然后选择安装的系统版本，单击"下一步"，如图 2-18 所示。

图 2-18 选择要安装的系统版本

第五步，勾选"我接收许可条款"复选框，单击"下一步"，如图 2-19 所示。

图 2-19 勾选"我接收许可条款"

第六步，在打开的界面中选择"自定义：仅安装 Windows（高级）"，如图 2-20 所示。

图 2-20　选择安装类型

第七步，若不将磁盘分为多个分区，选中磁盘，单击"下一步"，如图 2-21 所示。若要将磁盘分为 2 个及以上的分区，则可选中磁盘后单击"新建"，输入第一个分区的大小（建议第一个分区大小在 60G 以上），单击"应用"，如图 2-22 所示。在弹出的如图 2-23 所示对话框中单击"确定"，系统会自动对磁盘进行分割，如图 2-24 所示。剩余额未分配空间可按此方法根据自己需求分为多个分区。此处我们将其余未分配空间分为 1 个分区，如图 2-25 所示。

图 2-21　选中磁盘

图 2-22　设置磁盘大小

图 2-23　确定应用分区

图 2-24　第一个分区完成

（注：前 3 个分区是系统自动形成的必备分区，第 4 个分区为刚才创建的磁盘分区）

图 2-25 分区完成

第八步，选中分区 4（如要将系统安装到分区 5，则选中分区 5），单击"下一步"。安装程序会自动向磁盘写入系统，等待安装程序自己完成进度即可，如图 2-26 所示。

图 2-26 安装 Windows 10 系统

第九步，安装完成后，系统会自动重启，有的计算机中间会重启两三次，之后就会进入 Windows 10 系统初始化主界面，如图 2-27 所示。

图 2-27 Windows 10 系统初始化主界面

第十步，按提示设置好相关设置，完成后即可进入系统主界面，如图 2-28 所示。至此，系统便安装完毕了。

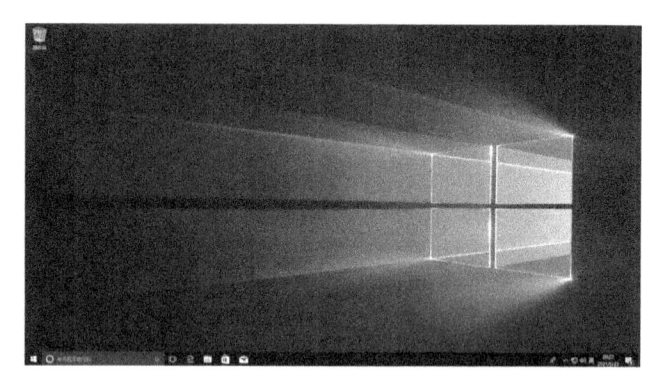

图 2-28　系统主界面

3. 安装驱动

驱动程序，指的是设备驱动程序，是一种可以使计算机和设备进行相互通信的特殊程序。在 Windows 系统中，需要安装主板、显卡、声卡、打印机等一套完整的驱动程序。

Windows 10 系统在安装时，会自动安装计算机所需的驱动程序。但如果用户计算机仍缺少某些驱动的话，可以到相应硬件的官方网站下载对应的驱动程序，然后自行安装；也可以通过驱动精灵、360 安全卫士、腾讯电脑管家等工具软件安装驱动程序。此处以驱动精灵为例进行演示（要求计算机能上网）。

第一步，打开驱动精灵官方网站，下载并安装驱动精灵软件，在安装界面取消勾选金山毒霸和爱奇艺的安装选项，如图 2-29 所示。

图 2-29　驱动精灵安装界面

第二步，单击"一键安装"即可自动安装，安装完成后会自动打开软件，如图 2-30 所示。

图 2-30　软件主界面

第三步，单击"驱动管理"，软件会自动检测系统是否缺少驱动，如图 2-31 所示。

图 2-31　驱动检测结果

第四步，若缺少驱动，单击对应驱动右侧的"安装"即可下载并安装驱动。若驱动版本较旧，可单击对应驱动右侧的"升级"，将驱动升级到新版本。

第五步，驱动安装完毕后，建议将驱动精灵软件卸载，因为平时基本用不到了。

卸载方法：搜索并打开控制面板，单击"卸载程序"，如图 2-32 所示。在打开的程序列表中找到驱动精灵并在其图标上右击，单击弹出的"卸载/更改"后便可按提示进行卸载了，如图 2-33 所示。

图 2-32　控制面板

图 2-33　卸载驱动精灵

4. 配置网络连接

作为上网的计算机来说，进行网络连接的设置是非常常见的，网络连接设置能够影响到网络连接的方式和网络访问的体验。一般情况下，Windows 10 系统会自动识别用户的网络连接设备并配置好网络设置，用户无须自己手动连接。

在互联网（Internet）中存在着众多的网络协议，每种协议都可以用于实现不同的功能。在众多的网络协议中，最重要的协议有两个，即传输控制协议（TCP）和网络互联协议（IP），因而我们习惯上就以这两个协议为代表将整个互联网中所有的协议统称为 TCP/IP 协议集，也可以简称 TCP/IP 协议。由于 IP 协议目前存在 IPv4 和 IPv6 两个不同的版本，因而 TCP/IP 协议也相应地分为 TCP/IPv4 和 TCP/IPv6 两个版本。

虽然整个互联网正在逐步向 TCP/IPv6 过渡，但目前广泛应用的仍然是 TCP/IPv4。在互联网上，每台接入网络中的计算机或是手机等终端设备都被称为一台主机，而主机和主机之间要能够实现通信，就必须要对 TCP/IP 协议进行正确配置。在 Windows 10 系统中手动配置 TCP/IP 协议的方法如下：

首先在开始菜单中选择"设置"→"网络和 Internet"→"更改适配器选项"命令，如图 2-34 所示。

图 2-34　"网络和 Internet"界面

在打开的"网络连接"中可以看到系统中已经安装的所有网卡，如图 2-35 所示，"WLAN"是计算机中安装的无线网卡，"以太网"是计算机中安装的有线网卡。如果计算机采用的是无线上网方式，则需要对"WLAN"网卡进行设置，如果采用的是有线上网方式，则需要对"以太网"网卡进行设置。

图 2-35　"网络连接"界面

在要进行网络设置的网卡上右击，从弹出的快捷菜单中选择"属性"，打开网卡的属性设置界面，如图 2-36 所示。从中可以看到有"Internet 协议版本 4（TCP/IPv4）"和"Internet 协议版本 6（TCP/IPv6）"两个设置项。由于目前广泛应用的仍然是 TCP/IPv4 协议版本，因而通常情况下我们需要对"Internet 协议版本 4（TCP/IPv4）"进行设置。

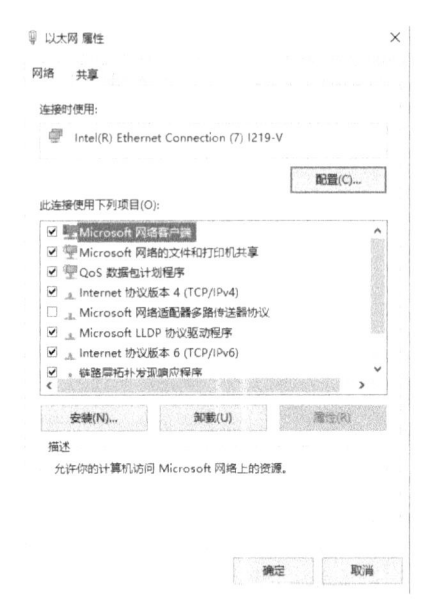

图 2-36　网卡属性设置

首先选中"Internet 协议版本 4（TCP/IPv4）"，然后单击"属性"按钮，打开"Internet 协议版本 4（TCP/IPv4）属性"设置界面，如图 2-37 所示，在这里就可以对上网所需要的各项网络参数进行设置。

如果选中"自动获得 IP 地址"，则可以由网络中的 DHCP 设备为主机自动分配 IP 地址等各项网络参数，如果网络中不存在 DHCP 设备，那么就需要由用户手动来设置这些网络参数。

图 2-37　设置网络参数

任务实训

a. 在实训室动手操作,制作一个启动 U 盘。

b. 用制作好的启动 U 盘为一台电脑重装或全新安装操作系统。总结自己的心得体会,形成书面文字。

任务 2.2　应用软件安装与系统优化

情景导入

李华和小张将计算机的操作系统安装完成了。小张问李华:"电脑的操作系统都要优化一下,咱们现在是不是该优化了?"李华说:"最好是在常用软件都安装好之后再开始优化,因为许多软件会增加臃肿的功能和进程,软件本身也需要优化。"

2.2.1　安装常用软件

在配置完网络参数之后,先不要急于上网,因为互联网作为一个开放的网络环境,隐藏着各种安全风险。我们还必须为计算机安装杀毒软件和安全工具,这样才可以安全地上网。除了杀毒软件和安全工具之外,我们还需要根据自己学习或工作的需求,在计算机中安装各类应用软件。

1. 安装杀毒软件

杀毒软件可选择的产品比较多,而且绝大多数杀毒软件是免费的,我们只需按照自己的喜好从中选择一款即可。下面我们以 360 杀毒软件为例介绍其安装和使用方法。

首先需要从 360 官网下载 360 杀毒软件的程序安装包。下载完成之后,运行程序安装包。由于 360 杀毒软件的安装程序会对系统进行很多更改,因而此时 Windows 10 系统的用户账户控制功能会自动弹出提示框,询问是否允许此应用对系统进行更改。因而对于用户,我们必须要明确正在使用的软件是否是安全可靠的,如果确认没问题,那么就可以单击"是"按钮进行确认,之后进入安装界面,如图 2-38 所示。在这里可以指定软件的安装位置,对于这类与系统结合比较紧密的软件,建议使用默认路径直接安装在 C 盘。另外,这里还要勾选"阅读并同意许可使用协议和隐私保护说明",然后单击"立即安装"按钮。

图 2-38 360 杀毒软件的安装界面

360 杀毒软件采用了快速安装技术，整个安装过程非常迅速。安装完成后的主界面如图 2-39 所示。软件安装完之后，提示"防护未完全开启，您的系统将面临威胁！"。此时需要系统已经接入互联网，然后可以单击"一键开启"按钮开启系统防护功能。然后可以单击"快速扫描"对系统的关键位置和文件进行扫描，确定系统是否存在安全威胁。

图 2-39 360 杀毒软件的主界面

做完这些简单设置之后，就可以关闭 360 杀毒软件的窗口界面，软件会自动转入系统后台运行。此后我们一般也无须再对 360 杀毒软件进行设置，软件会一直在系统后台进行监测，如果发现病毒或木马，则会弹出提示框提醒用户进行处理。

2. 安装与使用安全辅助工具

除杀毒软件外，计算机中最好再安装一款安全辅助工具，如360安全卫士、金山卫士、电脑管家等。同杀毒软件一样的道理，计算机中只需安装一款安全辅助工具即可，而且安全工具最好要与杀毒软件配套，以避免带来各种兼容性问题。例如，安装360杀毒软件可以选择360安全卫士，安装金山毒霸软件可以选择金山卫士。

下面以360安全卫士为例介绍其常用功能。

首先仍是需要从360官网下载360安全卫士的安装程序，下载完成后运行安装程序，在弹出的"你要允许此应用对你的设备进行更改吗？"对话框中单击"是"按钮，便可进入安装界面，如图2-40所示。然后单击"同意并安装"，按步骤安装即可。

图2-40　360安全卫士安装界面

软件安装完成后的运行界面如图2-41所示，建议按照软件提示单击"立即体检"按钮，对系统进行一次全面体检。

图2-41　360安全卫士安装完成后的运行界面

360安全卫士具有修复漏洞、清理垃圾、优化加速等诸多功能，体检结束

后会给出检测结果，如图 2-42 所示。建议非专业人员采用"一键修复"，360 安全卫士会自动对发现的问题进行修复。平时使用计算机时，应养成定期对计算机进行体检的习惯，以及时发现并修复问题，同时也可以优化系统性能。

图 2-42　检测结果

除了"计算机体检"之外，360 安全卫士还具有其他诸多实用功能：在"木马查杀"界面中，可以对系统进行全面扫描，或是对系统的关键位置进行快速扫描，以发现系统中可能潜在的木马程序；在"优化加速"界面中可以将某些开机自动运行的软件关闭，以优化计算机的性能，加快开机速度；在"功能大全"界面中集中了 360 安全卫士提供的各种额外功能，用户可以根据需求选择安装。

3. 安装办公软件

常用的办公软件有我国的 WPS Office 和微软的 Microsoft Office。

思政课堂

WPS Office 是由北京金山办公软件股份有限公司自主研发的一款办公软件套装，可以实现办公软件最常用的文字、表格、演示、PDF 阅读等多种功能。WPS Office 具有内存占用低、运行速度快、云功能多、强大插件平台支持、免费提供海量在线存储空间及文档模板的优点。它还支持阅读和输出 PDF（.pdf）文件，具有全面兼容 Microsoft Office 格式（doc/docx/xls/xlsx/ppt/pptx 等）的独特优势，覆盖 Windows、Linux、Android、iOS 等多个平台。WPS Office 支持桌面和移动办公，已覆盖超 50 多个国家和地区。

2020 年 12 月，教育部考试中心宣布将 WPS Office 作为全国计算机等级考试（NCRE）的二级考试科目之一，于 2021 年在全国实施。

（1）安装 WPS Office

第一步，下载 WPS Office 软件。打开 WPS Office 软件的官网下载地址，将鼠标指针移动到"立即下载"上方，在弹出的下拉列表中选择自己所需的版本进行下载，如图 2-43 所示。

图 2-43　下载软件

第二步，双击运行下载的安装包，在弹出的"你要允许此应用对你的设备进行更改吗？"对话框中单击"是"，打开安装界面，如图 2-44 所示。

办公软件及其安装

图 2-44　WPS 安装界面

第三步，勾选"已阅读并同意金山办公软件许可协议和隐私政策"复选框，单击"立即安装"，进入安装进程界面，如图 2-45 所示。若不想按默认设置进行安装，可以单击"自定义设置"可打开自定义选项，可以在其中选择所需的关联插件，修改软件安装位置，然后再进行安装。

图 2-45 安装进程

第四步，软件安装完成后会自动打开软件主界面。关闭软件介绍，根据自身情况选择个人用户、会员/企业用户进行使用，如图 2-46 所示。

图 2-46 选择用户类型

第五步，登录账号，便可以开始使用 WPS 了。

（2）安装 Microsoft Office

第一步，下载 Microsoft Office 2019 软件。打开 Microsoft Office 软件的官网下载地址，Microsoft 找到 Office 2019 软件，单击右侧的"详细信息"即可找到下载连接，如图 2-47 所示。

图 2-47　Microsoft Office 2019 下载地址

第二步，复制下载连接，用迅雷等软件下载安装包。Windows 10 可以直接打开 ISO 镜像文件，双击下载好的安装包，打开安装文件列表，如图 2-48 所示。

图 2-48　安装文件列表

第三步，双击"Setup"，安装程序开始运行，如图 2-49 所示。

图 2-49　安装程序主界面

等待程序安装完毕后，关闭安装界面即可。当然，此时，Microsoft Office 2019 软件还处于试用状态，用户需要去官方渠道购买对应的激活码来激活软件，以获得永久使用权。

4. 安装其他常用软件

安装完杀毒软件和安全工具之后，接下来用户就可以根据自身需要安装其他各种应用软件了。每个人因需求不同，所要安装的应用软件也不一样，但有一些应用软件是绝大多数用户都需要用到的，这些软件被称为装机必备软件。表 2-1 所示就是目前经常用到的一些装机必备软件。

表 2-1 常用装机必备软件推荐

软件类型	推荐软件	软件类型	推荐软件
杀毒软件	360 杀毒	办公软件	Microsoft Office、WPS Office
安全工具	360 安全卫士、火绒	输入法	微软拼音、搜狗拼音、QQ 拼音
即时通信软件	QQ、微信	解压工具	WinRAR
影音播放软件	迅雷影音、QQ 影音	下载工具	迅雷
图片处理软件	美图秀秀、光影魔术手	录屏软件	Camtasia Studio、EV 录屏
视频处理软件	EDIUS、格式工厂	直播软件	钉钉、腾讯课堂、腾讯会议

需要注意的是，每种类型的软件只需安装一个即可。例如，影音播放类的软件，可以根据自己的喜好从迅雷影音、QQ 影音或是其他播放器中任意选择一个。如果在系统中同时安装了多个影音播放软件，则不仅有可能会造成软件之间的冲突，还会影响到系统整体性能。

另外，需要注意的是软件的获取渠道。在上述软件中，除了 Microsoft Office 之外，其余都是免费软件，建议应养成从官方网站下载软件的习惯，而不要随意从一些软件下载站来下载，因为从这些地方下载的软件无法保证其安全性。

最后，在软件安装的过程中也需要注意看清各种安装选项，不要只是一路单击"下一步"。在安装选项中，最重要的是定义软件的安装位置。默认情况下，Windows 10 系统会将 64 位的软件都安装在"C：\Program Files"目录中，32 位的软件则安装在"C：\Program Files（x86）"目录中。对于那些与系统应用结合比较紧密、体积也比较小的软件（如杀毒软件、压缩软件、输入法等），建议都安装在默认目录中，而对于游戏或各种大型专业软件建议都安装在 C 盘以外的其他分区中，并且最好要分门别类进行存放。

对于其他安装选项，用户可以根据需要进行选择。但是需要注意，出于广告宣传的需要，在某些软件中会捆绑一些插件，胡乱安装了过多的插件之后可能会引起系统出现各种问题,所以在安装软件时一定要明确所勾选项目的意义。例如,在安装迅雷影音时,其中就捆绑了迅雷、驱动精灵、鲁大师等软件,如图 2-50 所示,建议在安装过程中取消这些软件的勾选。

图 2-50　捆绑软件

这些常用软件的安装方法与 360 杀毒软件等大同小异,此处不再赘述。

2.2.2 优化操作系统

计算机虽然"聪明",但也只能按照设计的程序运行,不能分辨程序的好坏,因此需要人为对计算机进行优化,提升其性能。优化操作系统是指对系统软件与应用软件中一些设置不当的项目进行修改,以加快运行速度。用户可以使用 360 安全卫士、电脑管家等软件对系统进行优化。下面以 360 安全卫士为例进行讲解。

第一步,启动 360 安全卫士,单击主界面的"立即体检"按钮,软件开始自动检测系统,并在窗口下面显示检测进度,如图 2-51 所示。

图 2-51　检测窗口

第二步,检测完成后,软件会给出检测结果及处理建议(图 2-52),我们在窗口中单击"一键修复"按钮来进行优化。

注意：如果用户对计算机比较熟悉，可根据自己的需要有选择地进行优化，而不是直接一键修复。

图 2-52　检测结果

第三步，切换到"电脑清理"界面，单击"一键清理"按钮扫描计算机中的垃圾，如图 2-53 所示。在扫描完成后，再单击"一键清理"按钮进行清理即可。

图 2-53　"电脑清理"界面

第四步，切换到"系统修复"界面，单击"一键修复"按钮即可对系统修补漏洞、修复故障，如图 2-54 所示。

图 2-54　"系统修复"界面

第五步，切换到"优化加速"界面，单击"一键加速"按钮即可优化电脑性能，如图 2-55 所示。

图 2-55 "优化加速"界面

注意：系统优化因人而异，不同的用户需要优化的方面会各不相同。关键是要养成良好的安全意识和操作习惯，这才是保证系统安全的最终核心。

任务实训

a. 请学生在下面空白处列出自己家中计算机上安装的常用软件，然后学生之间互相对照，探讨各软件的优缺点。

b. 在实训室计算机上纯净安装 WPS Office，并做好系统优化。

c. 请学生分组探讨，除了本任务中的方法，还有哪些优化系统的方法。

操作系统和网络安全防护

项目 3　办公外围设备

项目目标

◎知识目标

①了解打印机、扫描仪、投影机的分类和特点。
②了解打印机的品牌，特别是我国自有品牌。
③了解打印机、扫描仪、投影机的主要参数。

◎能力目标

①能够熟练安装打印机，并共享打印机。
②能够熟练安装扫描仪。
③能够熟练使用投影机。

◎思政目标

①通过对国产品牌和国外品牌打印机、扫描仪、投影机在市场上的表现进行对比，激发学生学习的热情和爱国主义精神。
②通过对打印机、扫描仪、投影机的实训学习，增强学生必备的办公技能，锻炼学生独立解决难题的能力。

项目导图

项目 3 知识体系框架如图 3-1 所示。

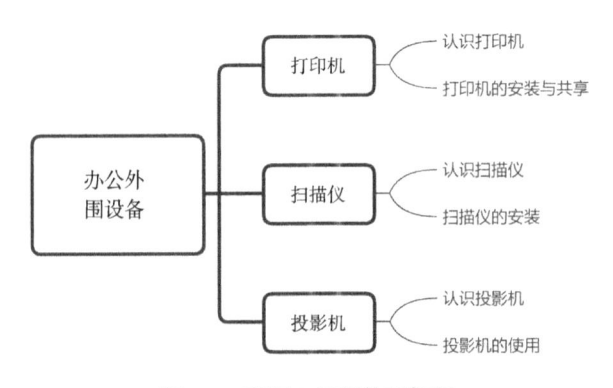

图 3-1　项目 3 知识体系框架

任务 3.1 打印机

情景导入

李华所在办公室的打印机报废了。部门主管打算申请购买一台新打印机，让李华帮忙做个"参谋"，出出主意，以便确定要购买的打印机品牌和型号。对李华来说，这正是他的专长，于是他向主管提出了自己的建议……

3.1.1 认识打印机

打印机的主要功能是将计算机处理的文字或图像结果输出到其他介质中。根据工作方式的不同，打印机可分为击式打印机和非击式打印机；根据打印原理的不同，打印机可分为针式打印机、热敏打印机、喷墨打印机、热转印打印机和激光打印机等。目前，主流的打印机有激光打印机、喷墨打印机、针式打印机和大幅面打印机 4 类，在打印机生产领域，我国的自有品牌主要有联想、得力、晨光、奔图，国外的品牌有惠普、佳能、爱普生、兄弟等。另外，3D 打印技术在工业领域迅速发展，被称为"具有工业革命意义的制造技术"。

常见的打印机类型及其适用范围

1. 激光打印机

（1）激光打印机的分类

依据目前市场的实际情况，我们可以将激光打印机划分为黑白激光打印机和彩色激光打印机两大类。黑白激光打印机依靠低廉的打印成本、高效的工作效率、精美的打印质量，以及极高的工作负荷成为当前办公打印领域的主流产品。

从应用场景来分，激光打印机又可分为家庭个人型激光打印机、中档办公型激光打印机和高端商用生产型激光打印机，如图 3-1 所示。家庭个人型激光打印机主要面向家庭办公用户和小型工作组，侧重于对打印质量没有过高要求的用户，销售价格一般在 600 至 2000 元；中档办公型激光打印机接口多样，高效稳定，可进行双面高速打印，适用于中型企业或文档打印较多的环境，销售价格一般在数千至一万元。高端商用生产型激光打印机具有快速打印、海量打印等功能，能够完全应付较大的网络打印负荷，其销售价格在数万元，一般用于专业输出单位。图 3-2 中所列的三种打印机分别为面向普通办公环境、中型企业的打印密集型环境和海量输出需求环境的激光打印机。

（a）家庭个人型　　　　（b）中档办公型　　　　（c）高端商用生产型

图 3-2　激光打印机种类

（2）激光打印机的特点

①打印速度快。以 A4 幅面为基准，无论是黑色打印还是彩色打印都已经基本实现"黑彩同速"，速度为 16～21 页 / 分钟。而在海量打印场景中，黑色打印速度已经能达到 40 页 / 分钟。

②噪声低，适合安静的办公场所使用。

③处理能力强。某些高端激光打印机还配备性能强大的 CPU 和内存，拥有高速处理数据的能力，无论文档中包含多么复杂的图形，它都能够轻松确保打印的品质和速度。

④打印质量好。

⑤性价比高。虽然激光打印机的价格和耗材相对喷墨打印机较高，但较高的耐用性和低故障率可以有效降低人工维护的次数，提高工作效率，平均到每张纸的打印成本还是很容易被用户接受的。

2. 喷墨打印机

（1）喷墨打印机的分类

喷墨打印机大致可分为基本型喷墨打印机、专业照片型喷墨打印机、墨仓式打印机、便携式喷墨打印机和光墨打印机 5 类。

①基本型喷墨打印机不仅能够打印文档，还能够输出图形图像，具有打印速度较快、打印成本低廉和打印品质优良等特点，是商务办公和家庭用户的最佳选择。

喷墨打印机既有几百元的低端经济产品，又有几千元的高端产品。如图 3-3 所示为常见的基本型喷墨打印机。

图 3-3 基本型喷墨打印机

②专业照片型喷墨打印机主要面向彩色商务办公、广告公司和摄影爱好者。从用途来讲，它与基本型喷墨打印机类似，同样能够进行文稿和照片的打印。之所以被归为专业照片型，不仅在于其打印品质和功能高于基本型喷墨打印机，而且该类产品还具有内置读卡器和直接打印端口（数码相机连接打印和手机连接打印），可以在没有计算机支持的情况下直接打印数码照片。

③墨仓式打印机属于喷墨打印机类型，该类打印机配备超大容量墨盒，可实现单套耗材超高打印量和超低打印成本。目前，爱普生的打印机产品已经全面推广墨仓式墨水储藏方式了。

④便携式喷墨打印机一般采用染料热升华打印方式进行打印。由于该类打印机体积小巧，具有支持 WiFi 打印和支持 SD/SDHC/MMC 等多种存储卡及 U 盘直接打印等多种功能，非常适合个人移动商务办公和家庭便捷打印的需要。

⑤光墨打印机是融合了喷墨和激光优势技术的打印机。联想 RJ610N 光墨打印机，可以真正实现 1600×1600dpi 分辨率的高清画质，在保证输出效率的同时，也能保证打印精度。

（2）喷墨打印机的特点

①性能可靠，价格适中，分辨率高。

②工作时噪声小，功耗相对较低。

③耗材费用相对较高。

④对打印介质有一定要求。一般使用质量好的光面或亚光的照片纸，如果使用普通且较薄的纸张，墨水容易浸透纸张，严重影响打印质量。

⑤喷墨嘴必须经常维护，若不经常维护，则会造成喷墨嘴阻塞。

3. 针式打印机

虽然普通用户在日常办公和家庭环境中基本不会用到针式打印机，但是针式打印机依靠复写打印、长时间连续打印、高稳定性、成本低廉等有别于喷墨打印机和激光打印机的特性，在金融、证券、工商、医疗、公安、航空、税务、

电信、交通、邮政和中小型企业中仍发挥着不可替代的作用。尤其是针式打印机的复写打印功能，在打印票据方面更是有很大的优势。如图3-4所示为某些专业性强的行业经常使用的针式打印机。

图3-4 针式打印机

针式打印机具有以下特点：

①机器结构简单，技术成熟，性能和稳定性好，耗材（如色带）使用周期长，费用低廉，容易购买。

②待机功耗低，符合人们对环保节能的要求。

③支持多种打印介质（纸张），如信封、存折、明信片、连续纸、单页纸等。

④纸张处理出色。能够自动测厚，适应厚度较大的纸张（如存折），避免卡纸情况发生，确保打印流畅。

⑤特有的复写能力。具有突出的复制打印技术，凭借多页复写能力，可一次清晰打印最多7页复写纸。

4. 大幅面打印机

大幅面打印机（图3-5）在本质上与普通的喷墨打印机并没有太大区别，只是它能够打印的幅面更大。该类型的打印机主要面向广告设计、婚纱影楼和机械设计等专业领域，普通用户基本用不到。大幅面打印机具有以下特点：

①打印幅面宽泛。A1、A2等大幅面介质均可喷墨打印。

②高速喷墨，高速打印，适合商业批量生产。

③打印介质多样。支持的打印介质有很多，如铜版纸、皮革、木材、亚克力等。

④打印精度高。采用专业防水墨水，保证输出质量逼真，并且图像具有耐磨、防水和防晒等特点。

图 3-5　大幅面打印机

5. 3D 打印机

3D 打印（3D Printing）是制造业领域正在迅速发展的一项新兴技术，被称为"具有工业革命意义的制造技术"。如图 3-6 所示是一款 3D 打印机。

图 3-6　3D 打印机

3D 打印有非常多的技术类型，如熔融沉积成型（FDM）技术、立体光固化成型（SLA）技术、选择性激光烧结（SLS）技术、金属选择性激光烧结（SLM）技术等，但是最深入人心的就是 FDM 技术。

3D 打印可以快速制作设计原型，许多企业在产品设计早期就会使用 3D 打印设备快速制作足够多的模型用于评估，不但节省了时间，而且减少了设计缺陷。

对于桌面级 3D 打印机来讲，其目前商品化程度也很高，不过限于成本和用途，这类 3D 打印机只能用来打印设计小样和简单的原型，3D 打印的模型细节、尺寸误差、稳定性以及材料平台这几个硬指标暂时还达不到工业级的水准。

对于工业级 3D 打印机来讲，设备一般拥有较大的硬件尺寸，需要专门的厂房、生产型的电气环境来运行，而且设备本身价格也比较高，还需要很强的后期处理工艺，应用条件相对苛刻。

3.1.2 打印机的安装与共享

根据打印机的使用场景，可将打印机的安装与共享分为以下两种类型：打印机通过数据线连接计算机并共享、打印机通过网线或无线网络共享的方式连接计算机。

1. 打印机通过数据线连接计算机并共享

个人使用的打印机，可以用数据线将打印机直接连接到计算机上。此种使用场景下，打印机可以根据需要设置共享或不共享。其安装方法如下：

首先确保已启动计算机并且已连接到互联网。然后启动打印机，将打印机USB电缆的一端连接至打印机背面的USB端口，将另一端连接至计算机USB接口。如果显示"发现新硬件"窗口，请按照提示安装驱动程序，然后尝试进行打印。若未出现"发现新硬件"窗口，可按以下步骤操作。

第一步，在Windows 10中搜索并打开控制面板，如图3-7所示。

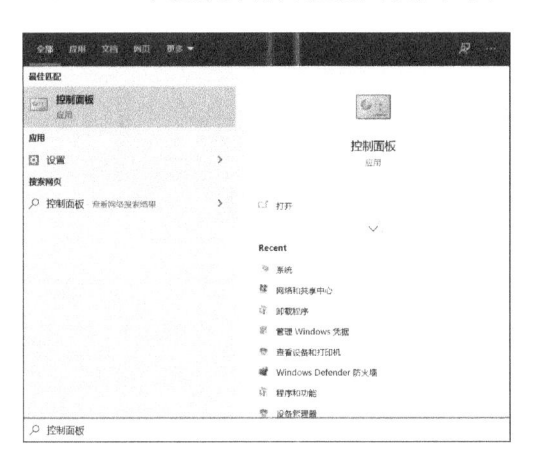

（a）搜索控制面板

（b）控制面板主界面

图3-7　搜索并打开控制面板

第二步，单击"查看设备和打印机"，在打开的"设备和打印机"界面中单击"添加打印机"，如图 3-8 所示。

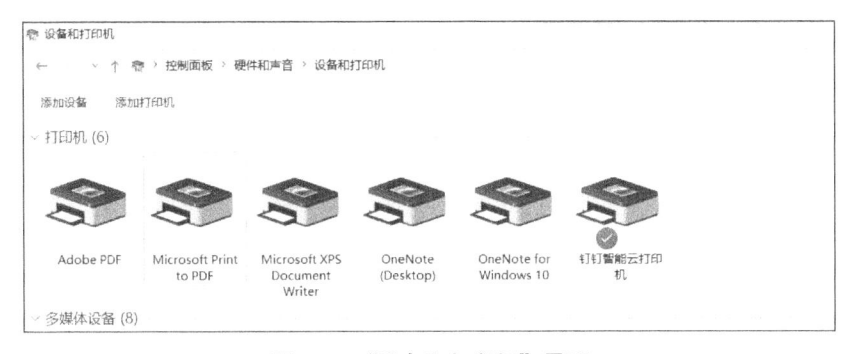

图 3-8 "设备和打印机"界面

第三步，在"选择要添加到这台电脑的设备或打印机"窗口中，选择您的打印机，单击"下一步"，然后按照屏幕上的说明进行操作，安装驱动程序。如果您的打印机不在列表中，请继续执行以下步骤。

第四步，单击"我所需的打印机未列出"，如图 3-9 所示，单击"下一步"。

图 3-9 所需打印机未列出

第五步，选择"通过手动设置添加本地打印机或网络打印机"，如图 3-10 所示，单击"下一步"。

图 3-10 手动添加打印机

第六步，选择打印机要使用的端口（例如，适用于 USB 连接的打印机，选择 USB001 端口），然后单击"下一步"，如图 3-11 所示。

图 3-11 设置端口

第七步，单击"Windows 更新"，然后等待打印驱动程序更新。在制造商窗格中，单击所用的打印机品牌，然后在打印机窗格中单击自己的打印机名称，如图 3-12 所示。

图 3-12 安装驱动并选择打印机型号

第八步，单击"下一步"，并按照屏幕上的说明选择驱动版本，如图 3-13 所示。单击"下一步"设置打印机名称，如图 3-14 所示。

图 3-13 选择驱动版本

图 3-14　设置打印机名称

第九步，单击"下一步"开始安装打印机驱动程序，如图 3-15 所示。

图 3-15　安装打印机驱动

第十步，打印机安装完成后，可以选择共享或不共享打印机，然后单击"下一步"，如图 3-16 所示。打印机安装完成，可打印测试页进行测试，如图 3-17 所示。

图 3-16　打印机共享设置

图 3-17　打印机安装完成

2. 打印机通过网线或无线网络共享的方式连接计算机

目前市场上的主流打印机，大部分支持通过网线或无线网络共享的方式供多人在局域网内使用。以无线网络共享为例，其连接方法如下：

第一步，打印机连接无线网络。依照说明书进行设置即可，以某型号打印机为例，如图 3-18 所示。

（a）在菜单中选择"网络设置" （b）选择"无线局域网设置"

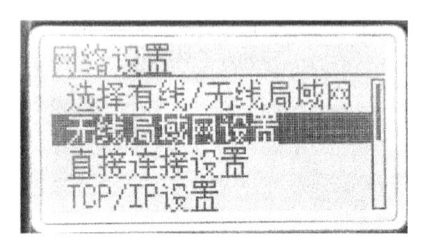

（c）选择"SSID 设置" （d）选择自己的无线网络

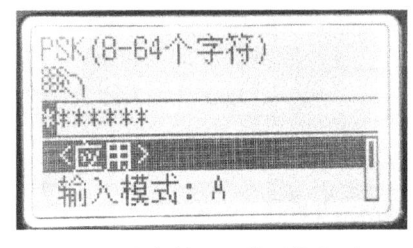

（e）输入无线网络密码 （f）连接完成

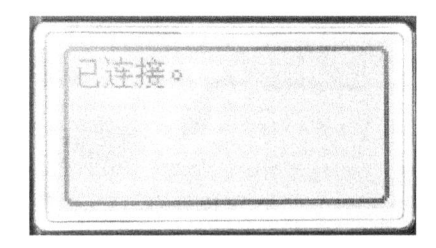

图 3-18　打印机连接无线网络

第二步，电脑连接打印机，在"设备和打印机"窗口中单击"添加打印机"。系统会自动扫描局域网内的打印机，选中要连接的打印机，单击"下一步"，如图 3-19 所示。

图 3-19 选中要连接的打印机

第三步，系统会自动安装驱动程序，连接打印机，如图 3-20 所示。

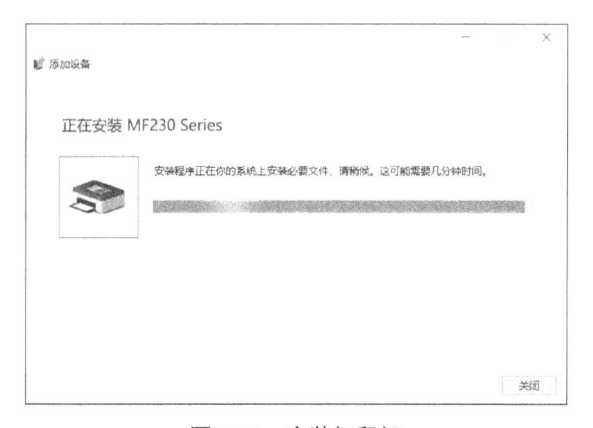

图 3-20 安装打印机

第四步，打印机安装完成后，窗口会自动关闭。打开"设备和打印机"界面，可以看到，打印机已经连接好了，如图 3-21 所示。

图 3-21 连接好的打印机

任务实训

a. 打印机有哪几种类型？各有什么优缺点？

b. 请列举几个我国国产打印机的品牌。课下时间请到当地电子市场上针对国产打印机做个市场调研，形成书面文字（做好调查结果说明，表达出自己的观点即可，字数不限）。

任务 3.2　扫描仪

情景导入

财务部提出申请购买一台扫描仪，让李华协助挑选扫描仪的品牌、型号。李华对扫描仪的了解不是很多，于是赶紧找来相关资料学习，并与财务部主管一起到市场上进行调研，最终确定了某国产品牌的扫描仪。

扫描仪是计算机外部输入设备之一，也是家庭和办公场环境常见的设备之一。通过扫描仪，用户可以将图片、纸质文档、图纸、底片甚至三维物体扫描到计算机中，并将其转换成可编辑、可储存和便于输出的资源。此外，通过OCR图片文字识别软件，可以方便地将扫描到计算机中的图片文字内容识别成可编辑的文档，极大地减轻了用户用键盘输入的操作负担。

3.2.1　认识扫描仪

1. 扫描仪的分类

（1）平板扫描仪

平板扫描仪又称为台式扫描仪，是目前市场的主流产品。该类型的产品主要用于日常办公，光学分辨率一般为 600～6400dpi。如图 3-22 所示是一款常见的平板扫描仪。

图 3-22　平板扫描仪

（2）馈纸扫描仪

馈纸扫描仪价格比较昂贵，主要面向银行、政府、保险、电信和法律等行业销售，能够为企业提供快速、连续、海量的文档扫描服务，如图 3-23 所示。

图 3-23　馈纸扫描仪

（3）3D 扫描仪

3D 扫描仪指的是能对物体几何表面进行高速、高密度测量的仪器，它输出的三维点云（Point Cloud）可供后期创建精确的模型使用。

3D 扫描仪可以类比为"相机"，两者的不同之处在于相机所抓取的是颜色信息，而 3D 扫描仪测量的是距离。图 3-24 所示为某款 3D 扫描仪。

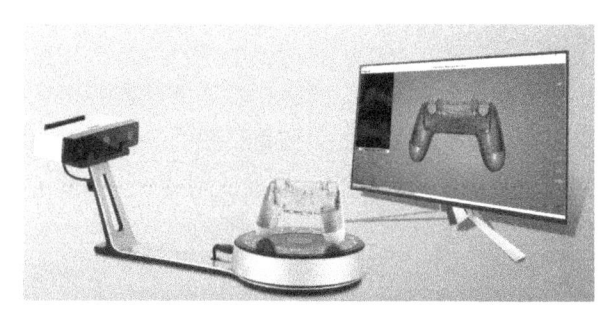

图 3-24　3D 扫描仪

（4）其他扫描仪

除上述在市场中常见的平板扫描仪、馈纸扫描仪以外，还有体积小巧、可随身携带的便携式扫描仪（图 3-25），在银行柜台常用的高拍仪（图 3-26），以及面向工业领域的底片扫描仪（图 3-27）等。

图 3-25　便携式扫描仪　　　图 3-26　高拍仪　　　图 3-27　底片扫描仪

2. 扫描仪的主要参数

（1）扫描元件——电荷耦合元件与接触式图像传感器

电荷耦合元件（CCD）也称为 CCD 图像传感器，是扫描仪的重要组件。通过它，可以将外界图像的光信息转化为电子信号。与数码相机中的 CCD 不同，扫描仪中的 CCD 元件是线性的，即只有 X 轴一个方向，Y 轴方向则通过传动系统完成。

接触式图像传感器（CIS）可以直接收集反射光线的信息，而且生产成本较低，主要用于低端扫描设备。由于接触式图像传感器要求光源与原稿距离很近，因此只能用 LED 光源代替，与 CCD 相比色彩表现有一定差距。

（2）光学分辨率

光学分辨率指的是扫描仪在扫描时读取的源图像的真实点数，是扫描仪的真实分辨率。光学分辨率的大小决定了扫描图像的清晰度，是辨识扫描仪性能的重要指标之一。例如，参数 4800×9600dpi 表示该机器的光学分辨率为 4800dpi，机械分辨率（扫描仪纵向传动机构精密的程度）为 9600dpi。

（3）最大分辨率

最大分辨率相当于插值分辨率，是通过数学算法在两个真实像素点之间插入经过计算得出的额外像素后求得的分辨率。最大分辨率对图像的精度没有多大意义，仅能作为参考。该分辨率的数值通常是光学分辨率的 4 倍、8 倍和 16 倍。

（4）光源性能

光源性能的好坏将直接影响扫描质量的高低，因为电荷耦合元件或接触式图像传感器上接收到的反射光全部来自扫描仪内部的光源，如果光源偏色，扫描结果自然有偏差。目前市面上扫描仪所使用的光源类型有白色冷阴极荧光灯、LED 发光二极管和 A+ 级蓝系光源。

白色冷阴极荧光灯最为常见，具有亮度高、使用寿命长和体积小等特点，主要缺点是需要预热；LED 发光二极管具有发热量小、功耗低和无须预热等特点，但使用寿命较短，亮度均匀程度稍差；A+ 级蓝系光源功耗低，寿命长，发光均匀锐利，具有非常专业的图像扫描功能。

目前，市场上的多功能一体机的扫描功能已经与单一功能的扫描仪不相上下，基本能够满足用户的基本需求，某些专业领域还是需要选择功能专一的扫描仪。对于光学分辨率参数来说，一般用户选择 1200dpi 的扫描仪已经足够家庭和办公使用。

扫描仪生产厂家主要有中晶、佳能、爱普生、明基、清华紫光、惠普、汉王和方正等，其产品价位也分 800 元以下、800～2000 元、2000～5000 元和 5000 元以上几个档次，用户可以首先确定性能参数，然后再根据品牌和价格来选择适合自己的扫描仪。

3.2.2 扫描仪的安装

便捷式扫描仪无须安装，而平板扫描仪的安装步骤可参照打印机直连计算机的安装步骤进行操作，其方法基本相同。

在大多数情况下，安装扫描仪只需将其连接到设备即可。将扫描仪中的 USB 电缆插入设备上的可用 USB 端口，然后打开扫描仪。如果这不起作用，可以通过以下方式手动执行此操作。

①单击"开始"→"设置"→"设备"→"打印机和扫描仪"，如图 3-28 所示。

图 3-28　"打印机和扫描仪"设置界面

办公巧匠

②单击"添加打印机或扫描仪",等待它查找扫描仪,然后选择要使用的扫描仪,选择"添加设备"即可。如果你的扫描仪未在列表中,请选择"我所需的扫描仪未列出",然后按照说明手动添加。

任务实训

a. 分组讨论,扫描仪有哪几种类型?各有什么优缺点?

b. 请列举几个我国国产扫描仪的品牌。课下时间请到当地电子市场上针对国产扫描仪做一个市场调研,形成书面文字。

任务 3.3　投影机

情景导入

李华所在公司会议室的投影机故障频频,一年之内维修了多次,实在无法继续使用了。公司欲采购一台性价比较高的国产品牌投影机,让李华所在技术部门协助挑选。这一任务又落到了李华头上。经过市场调研,李华最终向公司推荐了某国产品牌的投影机。公司采购后,该投影机使用效果非常好。

3.3.1 认识投影机

投影机是一种用于投射大屏幕图像的电子显示设备,其接入的信号源一般是计算机、视频、高清信号。常见投影机的外观如图 3-29 所示。

图 3-29　常见投影机的外观

认识投影仪

目前市场中主流的投影仪主要采用了两种技术，一种是日本爱普生的LCD投影技术，另外一种就是美国德州仪器的DLP技术。由于这两种技术都有各自的优缺点，因此现在各自占据了相应的市场份额。不过因为采用的核心技术不同，所以挑选时的标准也不尽相同。

我国国产品牌的投影机主要有华为、小米、辰星、联想、方正、紫光、雅图、澳视等。

1. 投影机的分类

（1）根据显示技术分

目前世界流行机器可分为DLP投影机和LCD投影机，即数字投影机和液晶投影机。

（2）根据形状和尺寸大小分

投影机可分为超微便携型、会议室型、安装集成型。

①超微便携型：重量一般小于2千克，800～2500流明，适用于商务出差和旅行人士。

②会议室型：重量一般2～10千克，1000～3500流明，适用于教室。

③安装集成型：重量最高可达40千克，3000流明以上，拥有多种输入输出接口，适用于大型剧院、礼堂、大会议厅等。

（3）根据用途分

根据用途，投影机可分为商用投影机和家用投影机。

2. 购买投影机需参考的参数

（1）液晶片的尺寸及数量

目前液晶投影仪主要分为单片式投影仪和三片式投影仪。液晶片的大小决定着投影仪的大小。液晶片越小，则投影仪的光学系统就能做得越小，从而使投影仪体积越小。一般单片式的光路简单，可采用较大的液晶片，三片式投影仪采用小尺寸液晶片（1.32英寸），便携式三片式投影仪常采用0.9英寸或0.7英寸的液晶片。

（2）输出分辨率

输出分辨率是指投影仪投出的图像原始分辨率，或叫物理分辨率、实际分辨率，即液晶片的分辨率。物理分辨率越高，则可接收分辨率的范围越大，投影仪的适应范围越广。我们通常用物理分辨率来评价液晶投影仪的主体价值。

（3）亮度

实际上我们所说的投影机"亮度"并非真正意义上的亮度，而是投影机的

光输出的总光通量。这是因为亮度这一指标会受到屏幕反射（可能会有成倍的差距）、投影画面的大小（画面越小则越亮）的影响，不能真实地反映投影仪的亮度水平，而投影仪的总光通量是不受外界因素影响的，是基本恒定的，更能真实、科学地反映投影仪的亮度水平。

（4）对比度

对比度是指投影亮度区与暗区的亮度之比，它反映一个画面的明暗变化的范围大小，代表着进行投影时能够反映出来的灰度与色彩层次，一般在200∶1到400∶1之间。便携式多媒体投影仪在对比度上采用了大量高新技术，对比度一般在350∶1到400∶1之间。

（5）均匀度

均匀度是反映投影画面中心与边缘亮度差异的技术参数，用百分数表示，也是反映多媒体投影仪性能质量的重要参数。均匀度越高，画面的均匀一致性就越好。如果用户要求特别注重显示整个画面的细节部分，应选择均匀度在90%以上的投影仪。

3.3.2 投影机的使用

大型投影机需要吊顶安装，需要专业人员来安装。小型、便携式投影机无须安装，使用时只需连接电脑等设备，电脑可自动识别投影机进行投屏。注意，如果使用连接线来连接，一定要保证接口一致，否则是无法使用的。

在使用投影机时应注意以下几点：

①尽量使用投影机原装电缆、电线。

②投影机使用时要远离水或潮湿的地方。

③注意防尘，可在咨询专业人员后采取防尘措施。

④投影机使用时时应远离热源。

⑤注意电压的标称值，以及机器的地线和电源极性。

⑥用户不可自行维修和打开机体，内部电缆零件更换尽量使用原配件。

⑦投影机不使用时要切断电源。

⑧投影机使用时，如发现异常情况，先拔掉电源。

⑨使用后，注意先使投影机冷却，然后再收起。

⑩机器移动时，要注意轻拿轻放，运输注意包装、防震。

任务实训

a. 在实训室将投影机与计算机相连接进行投影，播放一个视频片段。

b. 投影机的重要参数有哪些？

c. 请列举几个我国国产投影机的品牌。课下时间请到当地电子市场上针对国产投影机做一个市场调研，形成书面文字。

技巧篇

项目 4　计算机维护与故障排除

项目目标

◎知识目标

①了解 Windows 10 的基本操作方法。
②了解常见的硬件故障及其处理方法。
③了解常见的软件故障及其处理方法。

◎能力目标

①能够正确设置系统桌面图标和磁贴。
②能够熟练设置文件夹选项。
③能够设置足够强度的系统密码。
④能够处理常见的软硬件故障。

◎思政目标

①通过小组共同完成学习任务来培养团队合作意识和责任意识。
②通过对 WPS 等软件的了解，培养学生民族自豪感和自尊心。
③在故障维修学习、钻研过程中，锻炼学生的抗挫折能力和应变能力，培养学生分析问题和解决问题的能力。

项目导图

项目 4 知识体系框架如图 4-1 所示。

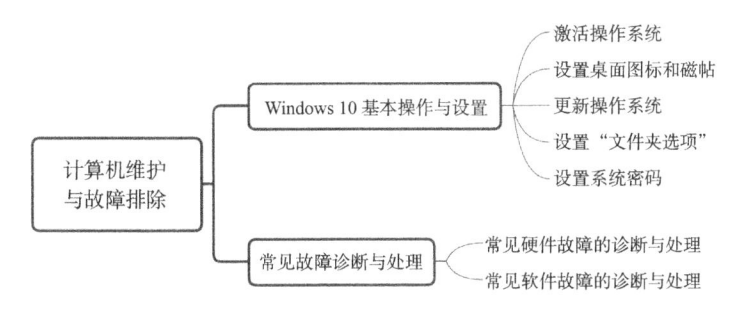

图 4-1　项目 4 知识体系框架

办公巧匠

任务 4.1　Windows 10 基本操作与设置

情景导入

李华在办公室给一台计算机重装了 Windows 10 系统，文员小马看到 Windows10 干净的桌面上只有一个垃圾桶图标，惊讶地问："原来刚装好的系统桌面上什么都没有啊，那些常用的工具和软件是怎么放上去的呢？"原来，该文员一直使用所有软件都安装好的计算机，从没见过这种纯净安装的 Windows 10 系统。李华正好要对这台计算机进行设置，于是顺便向她演示了 Windows 10 的基本操作设置。

4.1.1　激活操作系统

Windows 10 系统安装完成后，必须及时激活，否则很多功能将无法使用。如果是重装系统，且重装之前的 Windows 10 系统是正版的，重装后系统会自动激活。如果是新装系统，那就需要通过微软官方获取对应 Windows 10 版本的激活密钥。

在"此计算机"上单击鼠标右键，在弹出的快捷菜单中选择"属性"选项，在"Windows 激活"栏中可以查看当前系统是否已经被激活，如图 4-2 所示。

Windows 激活

Windows 已激活　阅读 Microsoft 软件许可条款

产品 ID: 00330-80000-00000-AA775

图 4-2　激活状态

Windows10 操作系统的激活与图标、磁贴设置

4.1.2　设置桌面图标和磁贴

1. 设置桌面图标

Windows 10 系统安装完成后，默认情况下桌面上只有一个"回收站"的图标。系统激活以后，我们可以在桌面空白处单击鼠标右键，然后从弹出的快捷菜单中选择"个性化"，在打开的个性化设置界面中选择"主题"，然后在"相关

的设置"中选择"桌面图标设置",如图 4-3 所示。在打开的"桌面图标设置"对话框中就可以勾选我们希望出现在桌面上的图标了,如图 4-4 所示。

图 4-3　桌面图标设置

图 4-4　勾选桌面图标

2. 磁贴设置

在 Windows 10 系统的"开始"菜单中,默认提供了很多磁贴,通过磁贴可以快速启动程序,但同时也会占用过多的屏幕空间。我们可以在不需要的磁贴上单击鼠标右键,选择"从'开始'屏幕取消固定",将其从开始菜单中去除。对于确定不需要的软件,也可以选择"卸载"将其从系统中卸载掉,如图 4-5 所示。如果某些软件需要经常使用,也可以按住鼠标左键,将它们从开始菜单拖到磁贴中。

图 4-5　设置磁贴

4.1.3 更新操作系统

本书在 2.2.2 节优化操作系统中曾介绍过使用 360 安全卫士修复系统漏洞，其实 Windows 10 系统本身自带更新的功能，而且更新起来更方便。

在操作系统中不可避免地会存在漏洞，修复漏洞的最有效方式就是安装相应的补丁程序。Windows 10 系统提供了自动更新的功能，只要计算机已经接入互联网，那么系统就会自动连接到微软官网，检测是否有最新的补丁或升级程序，并自动进行下载安装。系统更新，不但可以修复漏洞，而且还会为系统增添新的功能。

当然，系统更新可能会影响用户正常使用。为避免造成影响，下面介绍如何对系统更新功能进行适当的设置。

在"开始"菜单中单击左侧的"设置"按钮，如图 4-6 所示。在打开的"Windows 设置"界面中选择"更新和安全"，打开"Windows 更新"。然后单击"更改使用时段"，如图 4-7 所示。

图 4-6　"设置"按钮　　　　图 4-7　设置更新选项

然后就可以指定我们的工作时间，如 8：00 ~ 17：00，如图 4-8 所示。这样在这个工作时间段内系统就不会进行更新和重启。

技巧篇

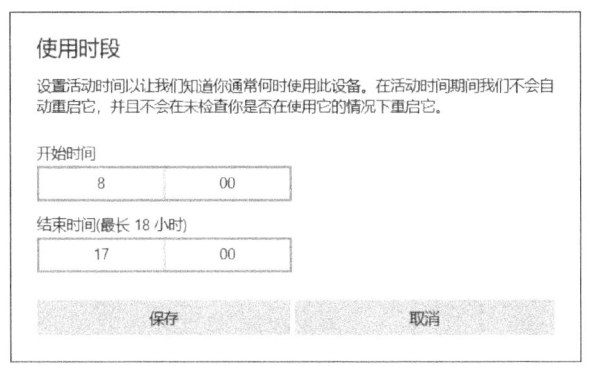

图 4-8 指定时间段

Windows10 操作系统的
基本设置

4.1.4 设置"文件夹选项"

在 Windows 10 系统中打开任意一个资源管理器窗口,单击窗口上方的"查看"菜单,就可以对"文件夹选项"进行设置,如图 4-9 所示。

图 4-9 设置"文件夹选项"

在"文件夹选项"中最常设置的项目是"文件扩展名"和"隐藏的项目"。

1. 设置文件扩展名

Windows 系统中的绝大多数文件都有扩展名,文件名和扩展名之间用点号间隔,如"test.txt""music.mp3"等。Windows 系统会分别为不同类型扩展名的文件关联相应的运行程序,如"txt"类型的文件会关联记事本程序,"mp3"类型的文件会关联系统中安装的播放软件等。默认情况下,Windows 10 系统不显示文件的扩展名,这可能会对我们的日常操作带来某些不便。如果希望显示扩展名,则可以打开任意一个 Windows 资源管理器窗口,然后在"文件夹"选项中勾选"文件扩展名"即可。

2. 设置隐藏的项目

勾选"文件夹选项"中的"隐藏的项目"则可以显示系统中的隐藏文件。Windows 10 系统中,在每个文件或文件夹上单击鼠标右键,在弹出的快捷菜单

97

中选择"属性"，在属性设置中都有一个"隐藏"选项，如图 4-10 所示。勾选该选项之后，这个文件或文件夹便被隐藏起来了。如果想查看这些被隐藏的文件或文件夹，勾选"文件夹选项"中的"隐藏的项目"即可，如图 4-11 所示。

图 4-10　设置隐藏的项目　　　　　图 4-11　查看隐藏的项目

4.1.5　设置系统密码

计算机密码分为开机密码和系统密码两种。

开机密码是在计算机开机自检结束后，进入系统前都会受到用户账户控制机制的阻拦以免系统管理员权限被恶意程序所利用，同时也避免了初级用户对系统的误操作。

在"此电脑"上单击鼠标右键，在弹出的快捷菜单中选择"管理"，打开"计算机管理"界面。依次展开"本地用户和组用户"，在右侧的窗口中可以看到系统中所有的用户账号，如图 4-12 所示。系统内置的用户账号上都有一个向下的箭头，表示该账号处于禁用状态。

图 4-12　用户账号

为 Windows 10 系统设置密码，就是为当前正在使用的用户账号设置密码。右击"Lu"，在弹出的快捷菜单中选择"设置密码"，打开密码设置对话框。

输入事先设计好的密码之后，单击"确定"按钮，密码就设置好了，如图 4-13 所示。这样当再次进入系统时，系统就会提示用户输入密码。

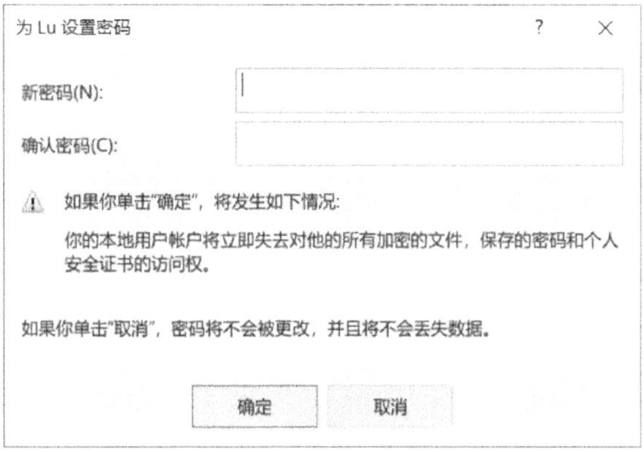

图 4-13　设置密码

除了为计算机设置密码之外，我们的很多上网账号也都要设置密码，而且这些密码更为关键，如果不慎将一些比较重要的网络账号的密码泄露，可能将会造成严重的财产损失。而密码之所以会泄露，主要原因就在于密码的安全性不够高，或是用户的安全意识不强。

例如，有人习惯使用一些过于简略的密码，像 123456 就是一个被经常使用的密码。某个网站曾统计了一份中国人最喜欢使用的密码排行榜，其中排在前十位的密码分别是：123456123456789、qwerty、12345678、1111、1234567890、1234567、password、123123、987654321。再如，姓名全拼、520、521、loveyou 等常用词汇也经常被用来作为密码，这些密码如果用黑客工具进行暴力破解，几分钟甚至几秒钟就可以破解出来。还有人喜欢用生日作为密码，这也是很不安全的，即使对于一个 80 岁的人，所有可能的出生日期也不超过 3 万种，因而黑客利用黑客工具非常轻易就可以破解一个生日密码。

那么怎样的密码才算是安全的呢？其实在 Windows 10 系统中默认已经给出了安全密码的设置规则。右击开始按钮，在"运行"中输入"gpedit.msc"，打开"本地组策略编辑器"，然后依次展开"计算机配置"→"Windows 设置"→"安全设置"→"账户策略"→"密码策略"，在右侧窗口中找到并双击"密码必须符合复杂性要求"策略，如图 4-14 所示。

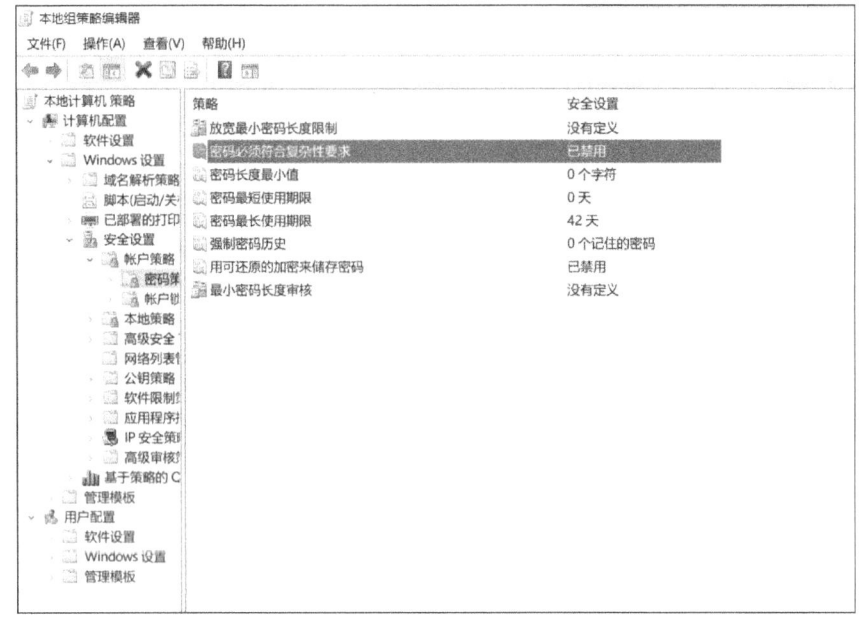

图 4-14 设置"密码必须符合复杂性要求"策略

在"密码必须符合复杂性要求"策略属性的"说明"项中，可以看到具体的要求。

如果启用此策略，密码必须符合下列最低要求：

①不能包含用户的账户名，不能包含用户姓名中超过两个连续字符的部分。

②至少有六个字符长。

③包含以下四类字符中的三类字符：

英文大写字母（A 到 Z）；

英文小写字母（a 到 z）；

10 个基本数字（0 到 9）；

非字母字符（例如 !、$、#、%）。

考虑到这只是"密码必须符合复杂性要求"策略的最低要求，在实际使用密码时，密码的长度最好能在 8 位以上，如"Server_2018""zhangsan_c"等才是合格的密码。

默认情况下，"密码必须符合复杂性要求"策略并没有启用，因而我们可以为用户设置任意密码。考虑到系统安全性，如果要为用户设置密码的话，最好能够启用"密码必须符合复杂性要求"策略，或者不必启用该策略，但是严格按照策略要求来设置密码。

任务实训

a. 向桌面添加"控制面板""网络""此电脑"图标。

b. 在资源管理器中设置显示文件扩展名（若已经是显示文件扩展名状态，则设置不显示文件扩展名）。

c. 将某指定的文件夹设置为"隐藏"状态，再设置隐藏的文件在资源管理器中显示。

任务 4.2　常见故障诊断与处理

情景导入

李华所在公司的多数员工对计算机软硬件了解不足，一些简单问题都会将其难住，不得不向技术部门求助，浪费了大量工作时间。有鉴于此，总裁办主任与技术部主管决定为员工举办一次培训，内容为计算机常见故障的处理。技术部将这一任务交给了李华，让他好好做准备。

4.2.1　常见硬件故障的诊断与处理

1. 常见硬件故障的分类

硬件故障是指计算机的某个部件不能正常工作所引起的故障。硬件故障主要包括以下几个方面：

①电源故障。系统和部件没有供电，或者只有部分供电。

②元件与芯片故障。器件与芯片失效、松动、接触不良、脱落，或者因温度过热而不能正常工作。

③跳线与开关故障。系统中各部件及电路板上的跳线连接脱落、连接错误、开关设置错误，构成不正常的系统配置。

④连线与接插件故障。计算机外部和计算机内部的各部件间的连接电缆或者插头（座）松动甚至脱落，或者错误连接。

⑤部件工作故障。计算机中的主要部件，如显示器、键盘、磁盘驱动器、光驱等硬件产生的故障，造成系统工作不正常。

⑥系统硬件兼容性故障。这类故障涉及各硬件和各种计算机芯片能否相互配合，在工作速度、频率、温度等方面能否具有一致性。

2. 维修工具

"工欲善其事，必先利其器"，在维修前应先准备好各种常用的硬件工具和检测软件，否则会因为缺少某个必备的工具导致检测或维修不能继续。准备工作尤为重要，包括维修工具、检测软件的准备，以及切断电源、释放静电、准备替换部件等工作。合理地利用各种工具进行检修，可以迅速地查明和排除计算机故障。

3. 硬件工具

硬件工具包括各种规格大小的螺钉旋具、镊子、剪刀、小扳手、25W 长寿电烙铁和吸锡器等。

（1）螺钉旋具

十字/一字螺钉旋具是用来固定配件上的螺钉的一种硬件工具。建议用户最好采用带有磁性的螺钉旋具，这样可以吸住螺钉，使安装更加方便，另外螺钉落入狭小空间时也容易取出。螺钉旋具如图 4-15 所示。

（2）镊子

镊子的主要作用就是在需要对硬盘或主板跳线时，用镊子可以比较轻松地拔出跳线帽。镊子如图 4-16 所示。

（3）尖嘴钳

尖嘴钳主要用于插拔一些较小的元件，如跳线帽或主板支撑螺钉等，在维修外部设备时更多地使用它来完成一些拆卸或紧固操作。尖嘴钳如图 4-17 所示。

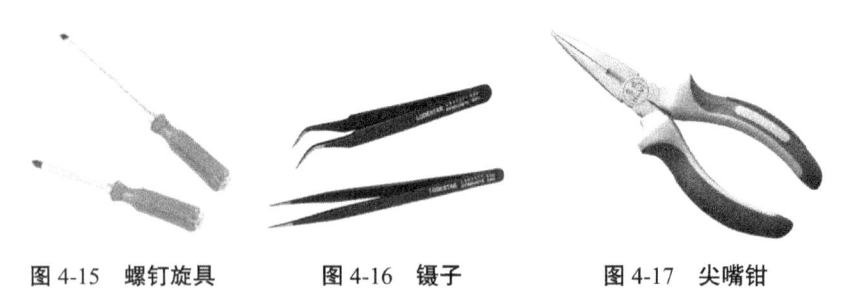

图 4-15　螺钉旋具　　　　图 4-16　镊子　　　　图 4-17　尖嘴钳

（4）测量仪器

测量仪器主要有万用表、示波器、逻辑测试笔等。其中，万用表是最常见的，也是最实用的测量仪器之一。万用表是万用电表的简称，是电子制作中必不可少的工具，同时也是专业计算机维修工的帮手。它可以用来测量交流电压和直流电压。有的万用表还可以测量晶体管的主要参数及电容器的电容量等。常见的万用表有数字式万用表（图4-18）和指针式万用表（图4-19）。数字式万用表的测量值由液晶显示屏直接以数字的形式显示，读取方便，有些还带有语音提示功能。指针式万用表是以表头为核心部件的多功能测量仪表，测量值由表头指针指示读取。对于初学者，建议使用指针式万用表。

图4-18　数字式万用表　　图4-19　指针式万用表

在排除主板、内存、显示器、电源故障时，经常要用到万用表。以检测内存为例，内存的数据引脚是64个，分别为D0～D63。一般为了保护内存的数据引脚，在D0～D63这64个数据引脚上都加有一个阻值不大的电阻，起限流作用，阻值一般在10 Ω左右。测试的原理是检测内存芯片的每个数据引脚、地址引脚、时钟引脚是否有短路、断路等不良现象。用万用表的二极管挡，红表笔接地，黑表笔测量各排阻（网络电阻器）的阻值，也就是内存芯片的数据引脚的阻值。一般每个引脚的阻值相差不大，要是相差很大，肯定是芯片有问题，在仔细检测后更换芯片即可。

再以检查主板是否有短路为例，在加电之前用万用表测量主板是否有短路现象，以免发生意外。判断方法：测芯片的电源引脚与地之间的电阻。未插入电源插头时，该电阻一般应为300 Ω，最低也不应低于100 Ω。再测一下反向电阻，略有差异，但不能相差过大。若正反向阻值很小或接近导通，则说明主板有短路发生。主板短路的原因可能是主板上有损坏的电阻、电容，或者有导电杂物，也可能是主板上有被击穿的芯片。要想找出被击穿的芯片，可以加电测量，一般测电源的+5 V和+12 V输出电压。当发现某一电压值偏离标准值太远时，可以通过分隔法或割断某些引线，或拔下某些芯片再测电压。当割断某条引线或拔下某块芯片时，若电压变为正常，则这条引线引出的元件或拔下来的芯片就是故障所在。

（5）清洁剂和清洗盘

①清洁剂。这里所说的清洁剂是指计算机专用的清洁剂，而不是平时家用

的普通清洁剂。计算机专用清洁剂多为四氯化碳加活性剂构成，涂抹去污后清洁剂能自动挥发。

清洁剂如图 4-20 所示，它可以用来清洁键盘、鼠标、显示器、主板、板卡等各种计算机配件，还可以配合清洗盘来对软驱和光驱进行清洁。

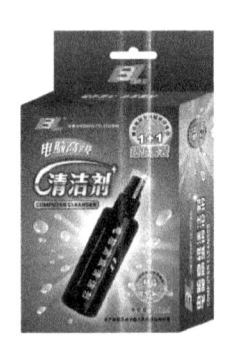

图 4-20　清洁剂

购买清洁剂时，一要检查其挥发性，当然是挥发越快越好；二要用 pH 试纸检查其酸碱性，要求呈中性，若呈酸性则对板卡有腐蚀作用。

②清洗盘。清洗盘有光驱清洗盘和软驱清洗盘。

光驱清洗盘又称为 VCD/CD 清洁盘，它的表面有两个直线排列的小毛刷，高度通常为 1 ~ 2mm。用光驱清洗盘清洗激光头的具体做法是，往这两个小毛刷上点 1 ~ 2 滴清洁液，放进计算机光驱中播放光盘，通过小毛刷与激光头的轻微接触，利用清洁液达到清洗激光头而提高播放效果和加强读取数据的目的。

对于软驱，由于磁头与软盘片经常接触，盘片上的各种污物会污染磁头，积尘过多导致软驱磁头不能正常读写是最常见的软驱故障。用软驱清洗盘清洗软驱磁头十分简单，将清洁液或无水乙醇（分析纯级）均匀喷洒在清洗盘面上，启动系统成功之后，将清洗盘插入软驱中，软驱将自行转动，清洗盘会吸附磁头上的污垢及周围的灰尘。注意，不要滴太多清洁液。

（6）除尘工具

除尘所需要的工具通常有如下几种：

①皮喷罐如图 4-21 所示，它可以有效清除计算机内部不容易清除到的位置上积累的灰尘。

②软毛刷如图 4-22 所示，其作用是清理较大面积的灰尘，对板卡特别有效。刷的时候一定注意不要用力过大或动作过猛，以免碰掉主板表面的贴片元件或造成元件的松动而导致虚焊。注意清除 CPU 插槽内用于检测 CPU 温度或主板

上用于监控机箱内温度的热敏电阻上的灰尘，否则会造成主板对温度的识别错误，从而引发主板保护性故障。

③计算机专用清洁剂，一般使用中性清洁剂即可，不要使用含有氯水、漂白剂等成分的清洁剂。

④棉签，如果没有的话可以把筷子一头削尖，在上面缠绕上棉花或棉线代替棉签。可用脱脂棉球沾计算机专用清洁剂或无水酒精去除插槽内金属接脚的油污。

⑤专用吸尘器，清理主板时特别方便。

⑥抹布，家里废弃的纯棉衣物即可，但是不要使用人造纤维或其他容易掉绒毛的布料做抹布。抹布的作用是全方位的，用来擦除大面积的积尘。

⑦橡皮如图 4-23 所示，需要软胶质的，这样才不会对金手指造成伤害。以内存条为例，内存条的金手指镀金工艺不佳或经常拔插内存，导致内存条在使用过程中因为接触空气而氧化生锈，逐渐与内存插槽接触不良，只需要把内存条取下来，用橡皮把金手指上面的锈斑擦去即可。

图 4-21　皮喷罐 　　　图 4-22　软毛刷 　　　图 4-23　橡皮

如果要清洗软驱、光驱内部，还需要准备镜头拭纸、电吹风、无水酒精（分析纯级）、脱脂棉球、钟表起子（一套）、镊子、回形针、钟表油（或缝纫机油）等工具。

4. 故障检测的注意事项

在维修过程中，首先要按照电气安全规则进行操作，这是维修人员必须掌握的原则，否则会造成严重的后果。

（1）防静电

静电的电压可以达到几万伏，静电是维修过程中的最大杀手。在处理元器件之前，应触摸微机外壳的金属末端或其他的金属对象来放掉静电。

（2）不要带电拔插

在维修中，往往需要反复重新启动机器，并且需要不断更换部件，一定不要带电进行元器件的拔插。

（3）轻拿轻放

在维修中，所有的元器件都要轻拿轻放。因为元器件都经不起摔打，即使认为已经损坏的元器件，也要轻拿轻放，以避免不必要的损失。

5. 硬件故障检测原则

（1）先调查后熟悉的原则

无论是对自己的计算机还是对别人的计算机进行维修，首先要弄清故障发生时计算机的使用状况及以前的维修状况，才能对症下药。此外，在对计算机进行维修前还应了解其软/硬件配置及已使用年限等，做到有的放矢。

（2）先清洁后检修的原则

在检查机箱内部配件时，应先着重检查机内是否清洁，如果发现机内各元件、引线、走线及金手指之间有尘土、污物、蛛网或多余焊锡、焊油等，应先加以清除再进行检修。这样既可减少自然故障，又可取得事半功倍的效果。实践表明，许多故障都是由脏污引起的，一经清洁故障往往会自动消失。

（3）先外部设备后主机内部设备的原则

要遵循先外部设备，再主机，从大到小，逐步查找的原则找出故障点，同时应根据给出的错误提示进行检修。要仔细确定故障发生的大体部件，如打印机、键盘、鼠标等，并查看电源的连接、信号线的连接是否正确，因为很多故障都是这些原因引起的，接着再排除其他故障，最后到主机，直至把故障原因确定到局部设备上，然后进行故障处理。

（4）先电源后部件的原则

电源是否正常工作是决定故障是否是全局性故障的关键，因此，首先要检查电源部分，如熔丝、工作电压等，然后再检查各负载部件。根据经验，电源部分的故障占的比例最高，许多故障往往就是由电源引起的，所以先检修电源常能收到事半功倍的效果。

（5）先一般后特殊的原则

在分析一个故障时，首先要尽量考虑引起故障的一般情况，也就是最可能引起故障的原因。例如，扫描仪不正常工作了，首先检查一下电源接线是不是松动，或者换一根数据传送线，或许问题就迎刃而解。如果不行，再考虑一些特殊的故障原因。

（6）先公用后专用的原则

公用性故障可能影响许多部件，而局部性故障只影响一部分部件，因此，如果总线部分发生了故障，应该先解决总线故障再去排除其他局部性故障。

6. 硬件故障检测

（1）诊断程序检测法

程序测试法的原理是用软件发送数据、命令，通过读线路状态及某个芯片（如寄存器）状态来识别故障部位。此方法往往用于检查各种接口电路故障及具有地址参数的各种电路。但此方法的应用前提是 CPU 及总线基本运行正常，能够运行有关的诊断软件，能够运行安装在 I/O 总线插槽上的诊断卡等。编写的诊断程序应严格、全面、有针对性，能够让某些关键部位出现有规律的信号，能够对偶发故障进行反复测试及能显示记录出错情况。

（2）人工检测法

人工检测法是指人工通过具体的方法和手段进行检查，最后综合分析判断故障部位的方法。

1）原理分析法

原理分析法就是按照微型计算机的基本工作原理，根据计算机启动过程中的时序关系，结合有关的提示信息，从逻辑上分析和观察各个步骤应具有的特征，进而找出故障的原因和故障点。

2）直接观察法

① "看"即观察系统板卡的插头、插座是否歪斜，电阻、电容引脚是否相碰，表面是否烧焦，芯片表面是否开裂，主板上的铜箔是否烧断。

② "听"即监听电源风扇、软/硬盘电机或寻道机构、显示器变压器等设备的工作声音是否正常。

③ "闻"即辨闻主机、板卡中是否有烧焦的气味，便于发现故障和确定短路所在处。

④ "摸"即用手按压管座的活动芯片，查看芯片是否松动或接触不良。

3）拔插法

这是通过将插件或者芯片"拔出"或"插入"来寻找故障原因的方法。此方法简单而且有效，适合检测一般硬件时使用。例如，计算机在出现"死机"或者某个部件失效等很难确定原因的故障时，从理论上分析很难，但是采用拔插法能迅速地找到故障的原因。

拔插法的具体操作：拔出插件，每拔一块测试一次电脑状态，当拔下一块插件后计算机恢复正常，那么证明故障出现在刚才拔下的插件上，否则就继续依次拔下插件，直到查找到故障的原因。另外，有些芯片、插件和扩展槽之间可能接触不良，使用拔插法可以解决因接触不良而使计算机不能正常运行的故障。

拔插法不仅适用于计算机故障的排除，还可用于大规模集成电路芯片的检修。

4）替换法

替换法是用好的部件去代替可能有故障的部件，用以锁定故障原因的一种简便维修方法。好的部件可以是同型号的，也可能是不同型号的。替换的顺序一般如下。

① 根据故障的现象或故障类别来考虑需要进行替换的部件或设备。

② 按先简单后复杂的顺序进行替换，如先内存、CPU，后主板。又如，要判断打印故障时，可先考虑打印驱动是否有问题，再考虑打印电缆是否有故障，最后考虑打印机或并口是否有故障等。

③ 最先考查与怀疑有故障的部件相连接的连接线、信号线等，之后是替换怀疑有故障的部件，然后是替换供电部件，最后是与之相关的其他部件。

④ 从部件的故障率高低来考虑最先替换的部件，故障率高的部件先进行替换。

5）比较法

比较法与替换法类似，即用好的部件与怀疑有故障的部件进行外观、配置、运行现象等方面的比较，也可在两台计算机间进行比较，以判断故障计算机在环境设置、硬件配置方面的不同，从而找出故障部位。

6）最小系统法

最小系统是指从维修判断的角度能使计算机开机或运行的最基本的硬件和软件环境。最小系统有两种形式：

① 硬件最小系统。硬件最小系统由电源、主板和CPU组成。在这个系统中，没有任何信号线的连接，只有电源到主板的电源连接。维修人员一般通过声音来判断这一核心组成部分是否正常工作。

② 软件最小系统。软件最小系统由电源、主板、CPU、内存、显卡/显示器、键盘和硬盘组成。这个最小系统主要用来判断系统是否可完成正常的启动与运行。

最小系统法，主要是要先判断在最基本的软、硬件环境中系统是否可正常工作，如果不能正常工作，即可判定最基本的软、硬件部件有故障，从而起到故障隔离的作用。

最小系统法与逐步添加法结合，能较快地定位发生在其他软件的故障，提高维修效率。

7）升温降温法

有时，计算机在工作时间较长或者环境温度变化时会出现一些故障，但是关机冷却后再开机检查时却很正常，这时候就需要用到升降温方法。升温法就是人为地将环境温度升高，加速高温参数较差的元件"发病"，从而找到故障的原因。"降温法"就是对可疑部件逐一蘸酒精降温。如果部件被降温后故障消失，则证明该部件热稳定性差，需要更换。降温的方法如下：

① 一般选择环境温度较低的时段，如清晨或晚上的时间。

② 使计算机停机 12～24h。

③ 用电风扇对着故障机吹风，加快降温速度。

实际上，升温降温法采用了故障触发原理，也就是用形成故障的条件促使故障频繁发生，从而找出故障的根源。这种方法在确定了故障的大体范围后，使用起来简单、方便、易行。

8）清洁法

对于机房使用环境较差或使用较长时间的计算机，应首先进行清洁，可用毛刷轻轻刷去主板、外部设备上的灰尘。

4.2.2 常见软件故障的诊断与处理

1. 常见软件故障分类

（1）系统故障

操作系统是计算机必须安装的综合性管理软件，其功能是统一管理软件的安装和运行，驱动硬件正常使用。如果操作系统出现故障，可能会导致各种软件、硬件运行失常。

系统故障主要是指在安装或应用操作系统时所发生的应用方面及系统方面的故障。

①启动、关闭操作系统故障：启动过程中死机、报错、黑屏、反复重新启动；登录时失败、报错或死机；关闭操作系统时死机或报错。

②安装操作系统故障：在进行文件复制过程中或在进行系统配置时死机或报错。

③系统运行故障：因误操作、病毒等造成的系统运行中出现蓝屏、死机、非法操作、系统运行速度慢等现象。

④应用程序故障：应用程序无法正常使用，游戏无法正常运行；安装或卸载应用程序时报错、重新启动和死机。

（2）软件故障

软件故障是指由软件与系统不兼容引起的故障。软件的版本与运行的环境配置不兼容，可能会造成不能运行、系统死机、某些文件被改动和丢失等。

①软件相互冲突产生的故障。两种或多种软件和程序的运行环境、存取区域、工作地址等发生冲突，则会造成系统工作混乱、文件丢失等故障。

②误操作引起的故障。误操作分为命令误操作和软件程序运行误操作两种。执行了不该使用的命令，选择了不该使用的操作，运行了某些具有破坏性的程序、不正确或不兼容的诊断程序、磁盘操作程序、性能测试程序等，都会造成重要文件的丢失。

③计算机病毒引起的故障。计算机病毒将会极大地干扰和影响计算机的使用，使计算机存储的数据和信息遭受破坏，甚至全部丢失，并且会传染其他的计算机。大多数计算机病毒可以隐藏起来像定时炸弹一样待机发作。

④不正确的系统配置引起的故障。系统配置分为3种类型，即系统启动基本CMOS芯片配置、系统引导过程配置和系统命令配置，如果这些配置的参数和设置不正确，或者没有设置，计算机也可能会不工作或产生操作故障。计算机的软件故障一般可以恢复，不过在某些情况下有的软件故障也可能转化为硬件故障。

（3）网络故障

网络故障主要涉及局域网、宽带网等网络环境中的故障。

①网络设备故障：网卡不工作，指示灯状态不正确；交换机等网络设备安装异常，驱动程序不匹配；网线的连通性差。

②网络设置故障：网络协议设置错误、网络时通时不通、数据传输错误、网络应用出错或死机等。

③宽带连接故障：不能拨号、无拨号音、拨号有杂音、上网掉线；上网速度慢、个别网页不能浏览；上网时死机、蓝屏报错；与调制解调器相连的其他通信设备损坏等。

2. 准备维护软件

软件是计算机中必不可少的组成部分，排除计算机故障也离不开一些适当软件，下面介绍几种在计算机故障检修前必备的工具。

（1）计算机的诊断、维护盘

在诊断计算机故障时，可借助一些诊断工具和软件，最好备有各种系统和机型的随机诊断盘。现介绍以下几种。

① NORTON 和计算机 TOOLS 工具软件包：NORTON 和计算机 TOOLS 都是功能强大的工具软件包，包含了许多检修和维护计算机的实用工具。

② 不同版本的 DOS 和 Windows 启动盘：不同的操作系统功能有所不同，并且启动时所需的引导文件也有很大的区别，一般表现在 COMMAND.COM 文件不同。有些用户在检修计算机时直接将别人计算机上的 COMMAND.COM 文件复制到自己的计算机上，这样可能会出现由于版本不同而使电脑不能正常工作的情况。这时就必须准备好适合自己计算机操作系统的启动盘，以便在维修和检测时使计算机能够顺利地启动，甚至修复系统文件。

（2）病毒检查、清理磁盘

在计算机故障中，有很多故障是由计算机中的系统文件或者数据感染上病毒所引起的，因此，检查和排除病毒也是计算机检修的一个重要步骤。为了更好地检修计算机，准备几种优秀查毒软件是十分必要的。目前国内使用最广泛的反病毒软件有金山毒霸、瑞星杀毒软件、卡巴斯基杀毒软件、360 杀毒软件等，用户可以根据自己的需要进行选择。

（3）硬盘分区、低级格式化工具

在计算机安装系统之前，为了更换或扩充系统硬盘，或者由于硬盘无法引导，经常需要对硬盘进行低级格式化和分区。最常见的就是有些计算机的 BIOS 里提供了硬盘低级格式化程序（这种程序现在大多数主板都不集成了），另外还有许多硬盘低级格式化的工具软件，如用 DM 和 ADM 对希捷公司的硬盘进行低级格式化。

3. 软件故障检测原则

（1）先软件后硬件的原则

先软件后硬件原则是指当计算机发生故障时，应该先从软件和操作系统上来分析，排除软件方面的原因后，再开始检查硬件的故障。一定不要一开始就盲目地拆卸硬件，避免做无用功。

首先，用手中的检测软件或工具软件（如 Norton、PC Tools 等）对操作系统及其软件进行检测，找出故障原因，然后再从硬件上动手检修，排除硬件故障，这是计算机急救的基本原则。

（2）先简单后复杂的原则

在排除故障时，要先排除那些简单而容易的故障，然后再排除那些困难的故障。因为在排除简单故障的同时或许也影响到将要解决的困难故障，使困难故障变简单。另外，在排除简单故障中得到的启示也会对排除困难故障有很大的帮助。

（3）先主后次的原则

在发现故障现象时，有时可能会看到一台故障机不止有一个故障现象，而是有两个或两个以上的故障现象（如启动过程中无显，但机器也在启动，同时启动后有死机的现象等）。此时，应该先判断、维修主要的故障现象，修复后再维修次要故障现象，有时可能次要故障现象已不需要维修了。

4. 操作系统常见故障解决方法

（1）计算机以正常模式在 Windows 启动时出现一般保护错误。

出现此类故障的原因一般有以下几点。

①内存条原因。倘若是内存条原因，我们可以改变 CAS 延迟时间看能否解决问题，倘若内存条是工作在非 66MHz 外频下，例如，75MHz、83MHz、100MHz 甚至以上的频率，则可以通过降低外频或内存频率试一下，如若不行，只有将其更换。

②磁盘出现坏道。倘若由磁盘出现坏道引起，则可以用安全模式引导系统，再用磁盘扫描程序修复硬盘错误，看能否解决问题。硬盘出现坏道后，如不及时予以修复，则可能导致坏道逐渐增多或硬盘彻底损坏，因此，应尽早予以修复。

③Windows 系统损坏。对此唯有重装系统方可解决。

④在 CMOS 设置内开启了防病毒功能。此类故障一般在系统安装时出现，在系统安装好后开启此功能一般不会出现问题。

（2）计算机经常出现随机性死机现象

死机故障比较常见，但因其涉及面广，因而维修比较麻烦，现在将逐步予以详解。

①由病毒造成计算机频繁死机。由病毒造成计算机频繁死机的现象比较常见，当计算机感染病毒后，主要表现在以下几个方面：系统启动时间延长；系统启动时自动启动一些不必要的程序；无故死机；屏幕上出现一些乱码。

其表现形式层出不穷，由于篇幅原因就不一一介绍，在此需要一并提出的是，倘若因为病毒损坏了一些系统文件，导致系统工作不稳定，则可以在安全模式下用系统文件检查器对系统文件予以修复。

②由某些元件热稳定性不良造成计算机频繁死机，具体表现在 CPU、电源、内存条、主板等方面。

对此，可以让计算机运行一段时间，待其死机后，再用手触摸以上各部件，倘若温度太高则说明该部件可能存在问题，可用替换法来诊断。值得注意的是：

在安装 CPU 风扇时，最好能涂一些散热硅脂，但在某些组装的计算机上却很难见其踪影，实践证明，硅脂能降温 5～10℃。

③由各部件接触不良导致计算机频繁死机。此类现象比较常见，特别是在购买一段时间的计算机上。由于各部件大多是靠金手指与主板接触，经过一段时间后其金手指部位会出现氧化现象，在拔下各卡后会发现金手指部位已经泛黄，此时，可用橡皮擦来回擦拭其泛黄处予以清洁。

④由硬件之间不兼容造成计算机频繁死机。此类现象常见于显卡与其他部件不兼容或内存条与主板不兼容，如塞班（SIS）的显卡。当然其他设备也有可能发生不兼容现象，对此可以将其他不必要的设备（如 Modem、声卡等设备）拆下后予以判断。

⑤由软件冲突或损坏引起计算机死机。此类故障一般都会发生在同一点，对此可将该软件卸掉予以解决。

（3）Windows 启动时出现 "*.Vxd 或其他文件未找到，按任意键继续"的故障

此类故障一般是由用户在卸载软件时未删除彻底或安装硬件时驱动程序安装不正确造成的，对此可以进入注册表管理程序，利用其查找功能将提示未找到的文件，从注册表中删除后即可予以解决。

（4）登录故障

登录故障：在 Windows 以正常模式引导到登录对话框时，单击"取消"按钮或"确定"按钮后桌面无任何图标，不能进行任何操作。

此类故障一般是由用户操作不当造成的。解决方法如下：首先，以安全模式引导系统进入控制面板，进入"密码"选项，将"用户配置文件"设为"此桌面用户使用相同的桌面及首选项"，再进入"网络"，将"拨号网络适配器"以外的各项删除，使其登录方式为 Windows 登录，重新启动计算机，即可解决。

（5）在 Windows 下关闭计算机时计算机重新启动

产生此类故障一般是由于用户在不经意或利用一些设置系统的软件时，使用了 Windows 系统的快速关机功能，从而引发该故障。解决方法如下：选择"开始"→"运行"→"msconfig"命令，再在"系统配置实用程序"面板中选择"高级"选项卡，将其中"禁用快速关机"选项选中，重新启动计算机即可予以解决。

（6）Windows 中汉字丢失

Windows 中汉字丢失：在计算机中安装了 Windows 后又安装了其他软件，整理硬盘碎片时，系统提示"硬盘碎片含有错误"；用 SCANDISK 修复后，

碎片整理便不能用了，再进入 Windows 附件中时，发现其中汉字不见了；经检查没有病毒，再查看 SCANDIDSK.LOG 文件，提示"文件夹 C：\Windows 已被损坏……"。

根据上述故障现象，中文 Windows 发生汉字乱码，大多是因注册表中有关汉字显示的内容丢失造成的。此时，打开注册表编辑器（Windows\regedit.exe），再打开"Associated DefaultFonts"及"Associated Charset"这两行关键字，若有，再分别打开这两行关键字即可看到其中内容。当只有"默认"一行而无其他内容，表明无法定义有关汉字显示，为汉字乱码的原因。

可采用手工方法进行修复：

①单击"开始"，选择"运行"选项。

②在"运行"文本框中输入"regedit"，单击"确定"按钮，打开注册表编辑器。

③展开"我的电脑\HKEY_LOCAL_MACHINE\SYSTEM\CurrentControlSet\Control\FontAssoc"查看底下有无 Associated Charset 文件夹图标，在其窗口的右栏中增加以下内容：

      ANSI（00）"Yes"
      GB2312（86）"Yes"
      OEM（FF）"Yes"
      SYMBOL（02）"on"

增加方法：在"编辑"→"新建"菜单中单击"串值"按钮，再在右栏中出现的文字框中输入"ANSI（00）"，之后双击该文字框，在出现的对话框中输入"Yes"，单击"确定"按钮，其余增加的内容依此类推。

④按照上述方法单击"Associated DefaultFonts"文件图标，在其窗口的右栏中增加以下内容：

      Assoc System Font "Simsun、ttf"
      Font Package Decorative "宋体"
      Font Package Dont Care "宋体"
      Font Package Modern "宋体"
      Font Package Roman "宋体"
      Font Package Script "宋体"
      Font Package Swiess "宋体"

⑤当没有"Associated Charset"及"Associated DefaultFonts"两行关键字时，

则打开FontAssoc文件夹，在"编辑"→"新建"菜单下单击"主键"按钮，在出现的文字框中分别输入上述两行关键字，之后按步骤④增加所列内容。

⑥关闭系统，重新启动计算机。

（7）在Windows下运行应用程序时提示内存不足

一般出现内存不足的提示可能有以下几种原因：

①磁盘剩余空间不足，只要相应删除一些文件即可。

②同时运行了多个应用程序。

③计算机感染了病毒。

（8）在Windows下打印机打出的字均为乱码

此类故障一般与打印机驱动程序未正确安装或并行口模式设置不符有关，对于第一种情况解决办法比较简单，若是第二种情况，则可进入CMOS设置后更改并行口模式且逐个试验即可（一般有ECP、EPP、SPP 3种）。

（9）在Windows下运行应用程序时出现非法操作的提示

此类故障引起原因较多，有如下几种可能：

①系统文件被更改或损坏。倘若系统文件被更改或损坏则打开一些系统自带的程序时就会出现非法操作的提示（例如，打开控制面板）。

②驱动程序未正确安装。此类故障一般表现在显卡驱动程序上，倘若驱动程序未正确安装，则打开一些游戏程序时均会产生非法操作的提示，有时还会在打开某些网页时出现非法操作的提示。

③内存条质量不佳引起（有时提高内存延迟时间即将系统默认的3改为2可以解决此类故障）。

④有时程序运行时倘若未安装声卡驱动程序亦会产生此类故障。

⑤软件之间不兼容。

（10）拨号成功后不能打开网页

出现此类故障后有以下几种现象：

①提示无法打开搜索页。此类故障一般是由于网络配置有问题。进入"控制面板"→"网络"，将拨号适配器以外的各项全部删除，重新启动计算机后再添加Microsoft的"TCP/IP协议"重新启动计算机后即可解决。

②一些能够进去的站点不能进去且长时间查找站点。有一些Modem如若用户没有为其指定当地的IP地址就会出现此类故障，可进入Modem设置项再为其指定当地的IP地址即可。还有一种可能是用户用软件优化过，对此也可按上面介绍的方法重新安装网络选项或恢复一下注册表看能否解决问题，如若不行的话，只有重新安装系统方可解决。

③在 Windows 的 IE 浏览器中，为了限制对某些 Internet 站点的访问，可以在"控制面板"的"Internet"设置的"内容"选项中启用"分级审查"，用户可以对不同的内容级别进行限制，但是当我们浏览含有 ActiveX 控件的页面时，总会出现口令对话框要求我们输入口令，如果口令不对，就会无法看到此页面。这个口令被遗忘后，用户便无法正常浏览。解决的办法就是通过修改注册表删除这个口令。方法如下：

打开注册表编辑器，找到 HKEY_LOCAL_MACHINE\SOFTWARE\Microsoft\Windows\ CurrentVersion\Policies\Ratings，在这个子键下面存放的就是加密后的口令，将 Ratings 子键删除，IE 的口令就被解除了。

（11）计算机自动重新启动

此类故障表现如下：在系统启动时或在应用程序运行了一段时间后出现自动重新启动。引发该故障的原因一般是内存条热稳定性不良或电源工作不稳定，还有一种可能就是 CPU 温度太高。另外，还有一种比较特殊的情况，就是驱动程序与某些软件有冲突，导致 Windows 系统在引导时产生该故障。

任务实训

a. 常见的硬件故障有哪些？如何处理？

b. 处理硬件故障前应做哪些准备工作？

c. 常见的软件故障有哪些？如何处理？

局域网内计算机网络连接异常的解决方案　　忘记开机密码的解决方案　　显示器出现黑屏故障处理

项目 5　Office 应用技巧

项目目标

◎知识目标

①学会：文档的创建、录入，文本、段落的选定，字符、段落格式的设置；文本的查找与替换；页眉、页脚的设置。

②学会：使用信封向导批量制作信封的方法；使用邮件合并功能批量制作信函的方法。

③掌握 Excel 的基础知识，了解图表的制作。

◎能力目标

①能够利用信封向导制作中文信封；能够通过邮件合并功能批量制作信函。

②能够在幻灯片中插入多媒体对象，在幻灯片中应用动画效果，对幻灯片中的内容进行美化编辑。

③能够进行数据处理：排序、汇总、筛选和高级筛选、透视分析、合并计算。

◎思政目标

①在学生上机过程中培养学生礼貌、有序、文明等公共道德。

②通过对上机作业的检查，培养学生诚信的品质。

③通过对 Office 办公场景的演练，锻炼学生逻辑思维能力和应变能力，培养学生分析问题和解决问题的能力。

项目导图

项目 5 知识体系框架如图 5-1 所示。

图 5-1　项目 5 知识体系框架

任务 5.1　Word 应用技巧

情景导入

最近，李华毕业后进入一家公司工作。他慢慢地接触到了更多工作。现在，公司的部分岗位采取内部竞聘的方式选拔，李华对此很感兴趣，他想要竞聘首先要编写一份自荐信。在他思考编写自荐信的同时，他的上司给他分配了一项工作：给客户发送信函。

那么，他应该怎么完成这两件事呢？

5.1.1　编写自荐信

1. 输入文章内容

（1）创建新文档

启动 Word 后，它就会自动打开一个新的空文档并暂时命名为"文档 1"。如果在编辑文档的过程中还需要另外再创建一个或多个文档，可以用以下方法来实现。Word 依次将其命名为"文档 2""文档 3"等。

如何使用 word 制作流程图

①用"文件"选项卡来创建。其操作步骤如下：

第一步，单击"文件"选项卡，在左侧的列表中选择"新建"选项；

第二步，在"新建"窗口中单击"可用模板"列表框中的"空白文档"按钮，如图 5-2 所示；

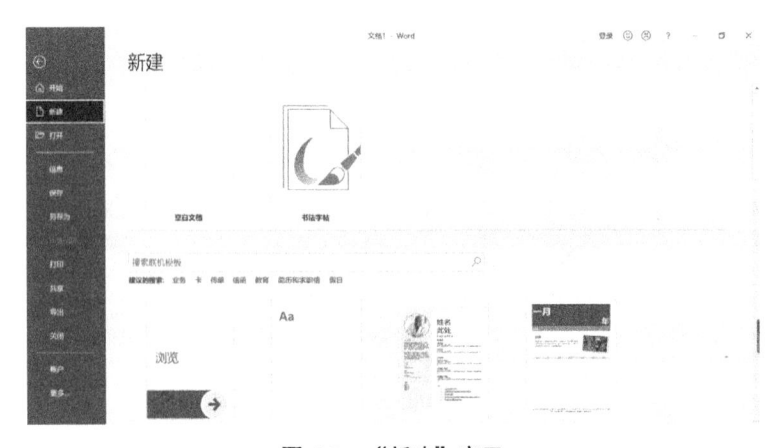

图 5-2　"新建"窗口

第三步，单击"创建"按钮，即可创建一个空白文档。

②单击快速访问工具栏中的"新建空白文档"按钮。

③使用【Ctrl+N】组合键。

（2）输入"自荐信"的内容

新建好一个文档后，插入点在工作区的左上角闪烁，表明可以输入文本了。首先选择自己熟悉的中文输入法，然后输入如图5-3所示的内容。

尊敬的领导：
　您好！
　　首先衷心感谢您在百忙之中抽出宝贵的时间来阅读我的自荐信，我是××职业学院××届的一名毕业生，所学专业是××。在面临择业之际，我怀着一颗赤诚的心、对工作的渴望和对事业的执着追求，真诚地向您推荐自己。
　　我非常热爱自己所学专业，在校期间我刻苦学习专业知识，积极进取，在各方面严格要求自己，专业知识过硬，多次获得奖学金。我认识到英语的重要性，刻苦学习英语，已经通过了大学英语四级考试。今年上半年我参加了高级工培训，顺利地通过了××工种的高级工考试，获得了高级工证书。在下厂实习的时候，我被实习公司评为"工学专班之星"。
　　我性格活泼开朗、自信，踏实肯干，有很强的责任心；为人真诚，善于与人交流，具有良好的敬业精神和团队合作精神，并敢于接受具有挑战性的工作。为了提高自己的综合素质，我积极参加各种竞赛和社团活动，在大学生电子创新大赛和OFFICE技能大赛中分别获得一等奖和二等奖。我担任系学生会体育部长，积极组织各种体育活动，带领我系篮球队夺得了学院篮球联赛冠军，在节假日，我还参加各种志愿者活动和勤工俭学，我立志做一个高素质的好学生。

图5-3　自荐信内容

其具体步骤如下：

① 启动自己熟悉的中文输入法。

② 顶格输入文字"自荐信"，按Enter键结束当前段落。

③ 用相同的方法输入其他内容，并将文中的"××"用具体内容代替。

④ 日期的输入可以手动输入，也可以自动插入。自动插入的方法：单击"插入"选项卡的"文本"组中的"日期和时间"按钮，打开"日期和时间"对话框，如图5-4所示。

图 5-4 "日期和时间"对话框

Word 具有自动换行的功能，当输入文字到每行的末尾时不必按 Enter 键，Word 就会自动换行，只有要结束一个段落时才按 Enter 键。按 Enter 键表明一个段落的结束，同时另起一行预示一个新的段落的开始。

输入内容时应注意以下问题：

①空格。空格在文档中所占的宽度不但与字体和字号大小有关，也与"半角"或"全角"空格有关。"半角"空格占一个标准字符位置，"全角"空格占两个标准字符位置。

②段落的调整。自然段落之间用"回车符"分隔。两个自然段落的合并只需删除它们之间的"回车符"即可。一个段落要分成两个段落，只需在分离处按回车键即可。

③文档中红色和绿色波浪形下划线的含义。如果没有在文本中设置下划线，却在文本的下面出现了波浪形下划线，原因是当 Word 处在检查"拼写和语法"状态时，Word 用红色波浪形下划线表示可能有拼写错误，并用绿色波浪形下划线表示可能有语法错误。

2. 文字编辑基本技巧

（1）文本的选定

在文档中，鼠标指针显示为"I"形的区域是文档的编辑区。当鼠标指针移动到文档编辑区左侧的空白区时，鼠标指针变成向右上方指的箭头，这个空白区称为文档选定区，文档选定区可以用于快速选定文本。

Word 文本操作中，可以将文本的一部分或整个文本作为一个整体操作，这个文本整体通常称为文本的块，简称为块。在对块进行操作之前必须先选定块。选定块一般采用鼠标和键盘两种操作方法，分别见表 5-1 和表 5-2。

表 5-1　鼠标选定操作及说明

鼠标操作	操作说明
按左键拖拽	鼠标指针所经过的区域被定义为块
在选取区单击左键	鼠标指针箭头所指向的行将被选定
双击文本选定区	选择鼠标所在段落
单击选定区并按住鼠标向下（或向上）拖拽	选定鼠标经过的若干行
三击选定区（Ctrl+ 单击文本选定区）	选定整个文档
Alt+ 鼠标拖拽	可选取一个矩形块

表 5-2　键盘选定操作及说明

按键操作	操作说明
Shift+ →	扩展选定范围到右边一个字符
Shift+ ←	扩展选定范围到左边一个字符
Ctrl+Shift+ →	扩展选定范围到单词结尾
Ctrl+Shift+ ←	扩展选定范围到单词开头
Shift+Home	扩展选定范围到行首
Shift+End	扩展选定范围到行尾
Shift+ ↓	扩展选定范围到下一行
Shift+ ↑	扩展选定范围到上一行
Shift+Page Up	扩展选定范围到上一屏
Shift+Page Down	扩展选定范围到下一屏
Ctrl+Shift+Home	扩展选定范围到文档开头
Ctrl+Shift+End	扩展选定范围到文档结尾

（2）移动文本

移动文本有以下几种方法。

1）利用剪贴板移动文本

①选定所要移动的文本。

②剪切选定块。执行"开始"选项卡的"剪贴板"组中的"剪切"命令，

或按【Ctrl+X】快捷键，所选定的文本被剪切掉并保存在剪贴板中。

③移动选定文本。将插入点移到文本拟要移动到的新位置，此新位置可以是在当前文档中，也可以在另一个文档上；执行"开始"选项卡的"剪贴板"组中的"粘贴"命令，或按【Ctrl+V】快捷键，所选定的文本便移动到指定的新位置上。

2）使用快捷菜单移动文本

①选定所要移动的文本。

②在选定区域上单击鼠标右键，执行快捷菜单中的"剪切"命令。

③将插入点移到文本拟要移动到的新位置。在此新位置上单击鼠标右键，单击快捷菜单"粘贴选项"命令中的"保留原格式"按钮或"合并格式"按钮或"只保留文本"按钮。

3）使用鼠标移动文本

①选定所要移动的文本。

②在选定区域上，单击并拖动鼠标到文本拟要移动到的新位置。

③释放鼠标，文本即被移动到新位置。

（3）复制文本

复制文本有以下几种方法。

1）利用剪贴板复制文本

①选定所要复制的文本。

②执行"开始"选项卡的"剪贴板"组中的"复制"命令，或按【Ctrl+C】快捷键。此时，所选定的文本的副本被临时保存在剪贴板中。

③将插入点移到文本拟要复制到的新位置，此新位置可以是在当前文档中，也可以在另一个文档上；执行"开始"选项卡的"剪贴板"组中的"粘贴"命令，或按【Ctrl+V】快捷键，所选定的文本的副本便被复制到指定的新位置上。

2）使用快捷菜单复制文本

①选定所要复制的文本。

②在选定区域上单击鼠标右键，执行快捷菜单中的"复制"命令。

③将插入点移到文本拟要复制到的新位置。在此新位置上单击鼠标右键，单击快捷菜单中"粘贴选项"命令中的"保留原格式"按钮或"合并格式"按钮或"只保留文本"按钮。

3）使用鼠标拖动来复制文本

①选定所要复制的文本。

②在选定区域上，按下 Ctrl 键，同时单击并拖动鼠标到文本拟要复制到的新位置。

③释放鼠标，文本即被复制到新位置。

（4）查找与替换

Word 的查找功能不仅可以查找文档中的某一指定的文本，还可以查找特殊符号（如段落标记、制表符等）。替换命令既可以查找特定文本，又可以用指定的文本替代查找到的对象。

1）查找

使用"查找"命令可以快速查找到需要的文本或其他内容。其操作步骤如下：

①单击"开始"选项卡"编辑"组中的"查找"按钮，单击右侧的倒三角按钮，在弹出的下拉菜单中执行"查找"命令，或按【Ctrl+F】快捷键，在文档的左侧弹出"导航"任务窗格。

②在"导航"任务窗格下方的文本框中输入要查找的内容。这里输入"我"，此时在文本框的下方提示"23 个匹配项"，并且在文档中查找到的内容都会被涂成黄色。查找界面如图 5-5 所示。

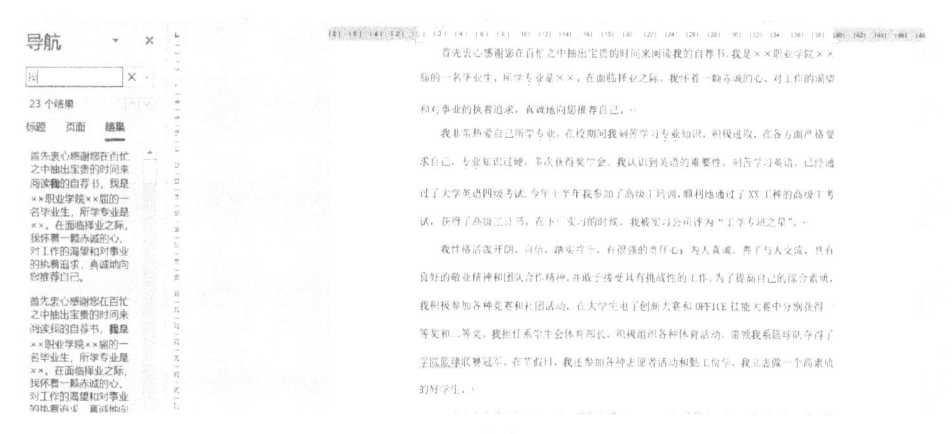

图 5-5　查找界面

③单击任务窗格中的"下一处"按钮（图 5-6），定位第一个匹配项。再次单击"下一处"按钮就可以快速查找到下一条符合的匹配项。

图 5-6 "下一处"按钮

2）高级查找

执行"高级查找"命令可以打开"查找和替换"对话框，使用该对话框也可以快速查找内容。其操作步骤如下：

①单击"开始"选项卡"编辑"组中的"查找"按钮，单击右侧的倒三角按钮，在弹出的下拉菜单中执行"高级查找"命令，打开"查找和替换"对话框。

②单击"查找"标签，在"查找内容"列表框中输入要查找的文本，如输入"参加"一词，如图 5-7 所示。

图 5-7 查找"参加"一词

③单击"查找下一处"按钮开始查找。当查找到"参加"一词后，Word将会定位到该文本位置，如图 5-8 所示。

图 5-8 定位到相应位置

④如果此时单击"取消"按钮,则关闭"查找和替换"对话框,插入点停留在当前查找到的文本处;如果还需要继续查找下一个的话,可再单击"查找下一处"按钮,直到整个文档查找完毕为止。

3)设置各种查找条件

单击"查找和替换"对话框中的"更多"按钮可以打开一个能设置各种查找条件的详细对话框,设置好这些选项后,可以快速查找出符合条件的文本。单击"更多"按钮所打开的"查找和替换"对话框如图5-9所示,几个选项的功能如下:

图5-9 设置各种查找条件的对话框

①搜索范围:在"搜索"列表框中有"全部""向上"和"向下"三个选项。"全部"选项表示从插入点开始向文档末尾查找,然后再从文档开头查找到插入点处;"向上"选项表示从插入点开始向文档开头处查找;"向下"选项表示从插入点向文档末尾处查找。

②"区分大小写"和"全字匹配"复选框主要用于查找英文单词。

③"使用通配符"复选框:选择此复选框可在要查找的文本中输入通配符实现模糊查找。可以单击"特殊格式"按钮,查看可用的通配符及其含义。

④"区分全/半角"复选框:选择此复选项框,可区分全角或半角的英文文字和数字,否则不予区分。

⑤如要找特殊字符,可单击"特殊格式"按钮,打开"特殊格式"列表,从中选择所需要的特殊字符。

⑥单击"格式"按钮,选择"字体"项可打开"字体"对话框,使用该对话框可设置所要查找的指定文本的格式。

⑦单击"更少"按钮可返回"常规"查找方式。

4）替换文本

有时需要将文档中多次出现的某个字（或词语）替换为另一个字（或词语），例如将文中的"自荐信"替换为"自荐书"，就可以利用"查找和替换"功能来实现。其具体步骤如下：

①单击"开始"选项卡"编辑"组中的"替换"按钮替换，或按快捷键 Ctrl+H，打开"查找和替换"对话框的"替换"选项卡，如图 5-10 所示。

图 5-10　"替换"选项卡

②在"查找内容"列表框中输入"自荐信"。在"替换为"列表框中输入"自荐书"，如图 5-11 所示。

图 5-11　查找并替换

③根据情况单击下列按钮之一：

"替换"按钮：替换找到的文本，继续查找下一处并定位。

"全部替换"按钮：替换所有找到的文本，不需要任何对话。

"查找下一处"按钮：不替换当前找到的文本，继续查找下一处并定位。

本例中，可单击"全部替换"按钮，将文中的"自荐信"全部替换为"自荐书"。

5）替换为指定的格式

"替换"操作不但可以将查找到的内容替换成指定的内容，也可以替换为指定的格式，可打开"格式"按钮进行设置。

例如，把自荐信中的所有"专业"加着重号，其具体步骤如下：

①单击"开始"选项卡"编辑"组中的"替换"按钮或按【Ctrl+H】快捷键，打开"查找和替换"对话框的"替换"选项卡。

②在"查找内容"列表框中输入"专业"二字。

③在"替换为"列表框中输入"专业"。

④单击"更多"按钮，选中"替换为"列表框中的"专业"，单击"格式"按钮，打开格式菜单，并选中"字体"子菜单，如图 5-12 所示。

图 5-12　选中"字体"子菜单

⑤在打开的"替换字体"对话框中，选择着重号，在预览框中，将看到预览效果，单击"确定"按钮，回到"查找和替换"对话框，此时，对话框中"替换为"列表框的下面加了格式"点"，即为着重号，如图 5-13 和图 5-14 所示。

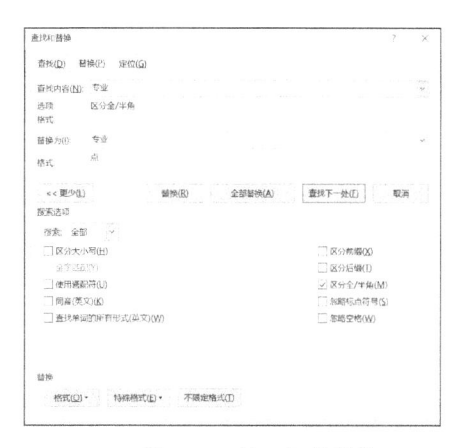

图 5-13　加着重号　　　　　　图 5-14　统一加着重号

⑥单击"全部替换"按钮，则全文中所有的"专业"均加了着重号。

3. 文章格式与修饰技巧

（1）"自荐信"的字符格式化

字符格式化功能包括对各种字符的大小、字体、字形、颜色、字间距和各种修饰效果等进行定义。如果要对已经输入的文字进行字符格式化设置，必须先选定要设置的文本。

在"自荐信"样文中，这里将标题"自荐信"设置为仿宋、二号、加粗，字符间距加宽 10 磅；正文内容设置为宋体五号。其具体操作步骤如下：

①选定要设置的标题文本"自荐信"。

②单击"开始"选项卡"字体"组右下角的"字体"按钮，如图 5-15 所示。

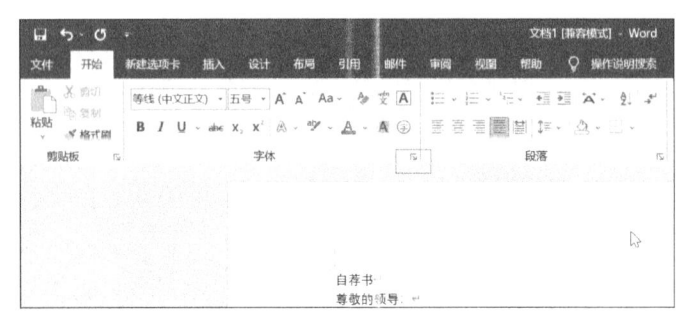

图 5-15　"字体"按钮

③在弹出的"字体"对话框中选择"字体"选项卡，在"中文字体"下拉列表框中选择"仿宋"，在"字形"下拉列表框中选择"加粗"，在"字号"下拉列表框中选择"二号"，如图 5-16 所示。

图 5-16　"字体"选项卡

④在"字体"对话框中,选择"高级"选项卡,在"字符间距"选项组的"间距"下拉列表框中选择"加宽",在对应的"磅值"数字框内输入"10磅",如图5-17所示。单击"确定"按钮,完成对"自荐信"格式的设置。

图 5-17 "高级"选项卡

⑤选中正文内容,在"字体"对话框中,分别选择"宋体""五号",单击"确定"按钮,完成对正文格式的设置。

(2)"自荐信"的段落格式化

Word以段落为排版的基本单位,每个段落都可以设置自己的格式。要对段落进行格式化,必须先选定段落。选定一个段落的方法可以是直接把光标定位到段落中,也可以是选定这个段落的所有文字及段落标记;选定两个及以上的段落,应选定这些段落的所有文字及段落标记。

Word提供了灵活方便的段落格式化设置方法。段落格式化包括段落对齐、段落缩进、段落间距、行间距等。

首先,将标题"自荐书"设置为"居中对齐",将正文各段落设置为两端对齐、首行缩进2个字符、1.75倍行距。其具体操作步骤如下:

①选定标题段落,单击"开始"选项卡的"段落"组中工具栏上的"居中对齐"按钮。

②选定正文各段落,单击"开始"选项卡"段落"组右下角的"段落"按钮,如图5-18所示,打开"段落"对话框。

图 5-18 "段落"按钮

③在"段落"对话框的"缩进和间距"选项卡中,单击"对齐方式"下拉列表框,选择"两端对齐"。

④在"缩进"选项组的"特殊格式"下拉列表框中选择"首行缩进",在"磅值"数字框中选择或输入"2字符"。

⑤在"间距"选项组的"行距"下拉列表框中选择"多倍行距",在"设置值"数字框中输入"1.75",如图 5-19 所示。

图 5-19 "缩进和间距"选项卡

其次,按照信件的格式,利用水平标尺将"尊敬的领导:"和"敬礼!"段落的"首行缩进"取消。其具体操作步骤如下:

①选中段落"尊敬的领导:"。

②向左拖动水平标尺上的"首行缩进"标记到与"左缩进"重叠处(拖动时文档中显示一条虚线表明新的位置),释放鼠标。

③用同样的方法,取消段落"敬礼!"的"首行缩进"。

最后,将最后两段设置为右对齐,再在"自荐人:xxx"段落前面加两行空白行。其具体操作步骤如下:

①选中最后两段落。

②单击"开始"选项卡的"段落"组中工具栏上的"右对齐"按钮。

③将光标定到"自荐人：xxx"段落中"自"的前面，按两次回车键，即在该段落前加了两行空白行。

（3）给"自荐信"添加页眉或页脚

为了使整个页面更加美观，可以给页面加上页眉，如果自荐信有几页，就应该加上页脚。添加页眉或页脚的具体操作步骤如下：

①执行"插入"选项卡的"页眉和页脚"组中的"页眉"命令，在弹出的下拉列表中选择内置的页眉"空白"型，如图 5-20 所示。

图 5-20　选择内置的页眉"空白"型

②在光标处录入文字"自荐书"作为页眉，如图 5-21 所示。

图 5-21　页眉的设置

③单击"设计"选项卡的"导航"组中的"转至页脚"按钮，如图 5-22 所示，进行页脚的设置，或者直接把光标定到页脚的位置，进行页脚的设置。页脚上既可以输入文字，也可以插入页码。

图 5-22　页脚的设置

④单击"设计"选项卡的"页眉和页脚"组中的"页码"按钮,在下拉列表中选择"设置页码格式"选项,如图 5-23 所示。

图 5-23 选择"设置页码格式"选项

⑤在打开的"页码格式"对话框中,如图 5-24 所示,可以对页码的数字格式进行选择,还可以对起始页码进行设置。

图 5-24 "页码格式"对话框

⑥单击"页面底端"选项,在其子菜单中选择合适的位置,即可在页脚上插入每页的页码。

⑦设置完成后,单击"设计"选项卡的"关闭"组中的"关闭"按钮。

4. 保存文稿

(1)保存"自荐信"

"自荐信"的内容制作好了之后,需要对其进行保存,其操作步骤如下:

①单击"快速访问工具栏"的"保存"按钮,第一次保存文档时,会弹出"另存为"对话框。

②在对话框的保存位置列表框中选定所要保存文档的位置。

③在"文件名"列表框中输入文件名"自荐信.doc",保存类型默认为 Word 文档。

④单击"保存"按钮。文档保存后,该文档窗口并没有关闭,可以继续输入或编辑该文档。

5.1.2 制作商务信函

在制作信封之前,应首先创建一个 Excel 类型或者文本类型的客户信息表文件作为数据源,这是因为在批量生成信封的过程中需要从 Excel 文件或文本文件中提取地址、联系人、邮编等数据信息。作为数据源,注重的是数据,而不是美观,所以不必对表格进行额外的特别细致的格式设置,只要注意第一行必须填写每列的列标题,表格中没有空行或合并过的单元格的情况即可。数据源如图 5-25 所示。

公司名称	联系人	称谓	地址	邮政编码
三川实业有限公司	刘小姐	销售代表	天津市大崇明路50号	343567
东南实业	王先生	物主	天津市承德西路80号	234575
坦森行贸易	只炫皓	销售经理	石家庄市黄台北路780号	985060
国顶有限公司	方先生	销售代表	深圳市天府东街30号	890879
通恒机械	李小姐	采购员	南京市东园西甲30号	798089

图 5-25 数据源

1. 批量制作信封

(1) 设置信封样式

①切换到"邮件"选项卡,单击"创建"选项组中的"中文信封"按钮,如图 5-26 所示。

图 5-26 "中文信封"按钮

②弹出"信封制作向导"对话框,如图 5-27 所示,单击"下一步"按钮进入"选择信封样式"步骤。

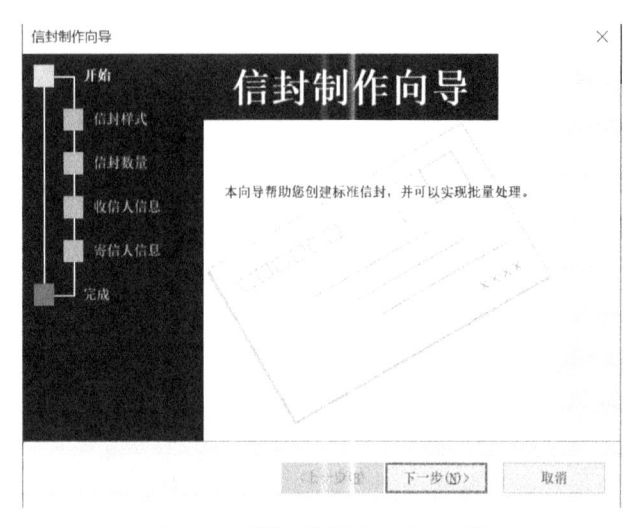

图 5-27 "信封制作向导"对话框

③ "信封样式"下拉列表中提供了内置国内信封 B6、DL、ZL、C5、C4 五种样式,以及国外信封 C6、DL、C5、C4 四种样式。本任务信封样式选择"(国内信封-DL220x110)",如图 5-28 所示。设置完成后,单击"下一步"按钮进入"选择生成信封的方式和数量"步骤。

图 5-28 选择信封样式

(2)设置信封数量

单击选中"基于地址簿文件,生成批量信封"单选按钮,设置信封数量为多封。单击"下一步"按钮进入"从文件中获取并匹配收信人信息"对话框,如图 5-29 所示。

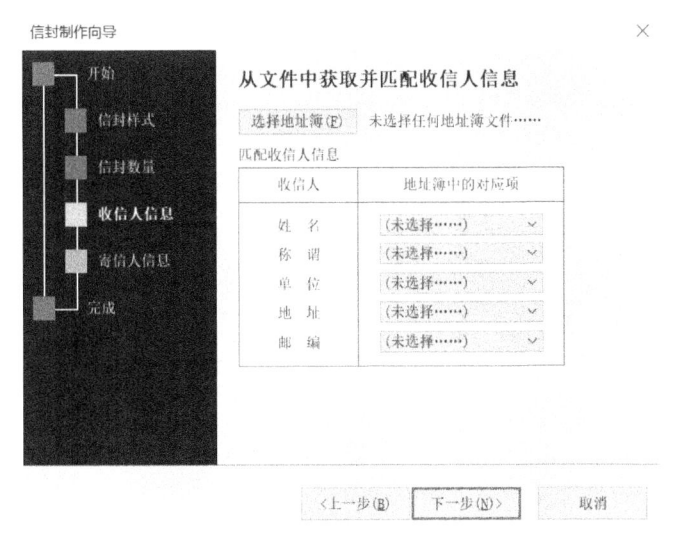

图 5-29 "从文件中获取并匹配收信人信息"对话框

（3）设置收信人信息

①单击"选择地址簿"按钮，弹出"打开"对话框，将"文件类型"下拉列表框设为"Excel"，单击选中已创建的文件"数据源"，如图 5-30 所示，单击"打开"按钮打开并返回"信封制作向导"对话框。

图 5-30 选中已创建的文件"数据源"

②将"收信人"选项组中的各项与数据源中的列一一对应设置，如图 5-31 所示。

图 5-31　——对应设置

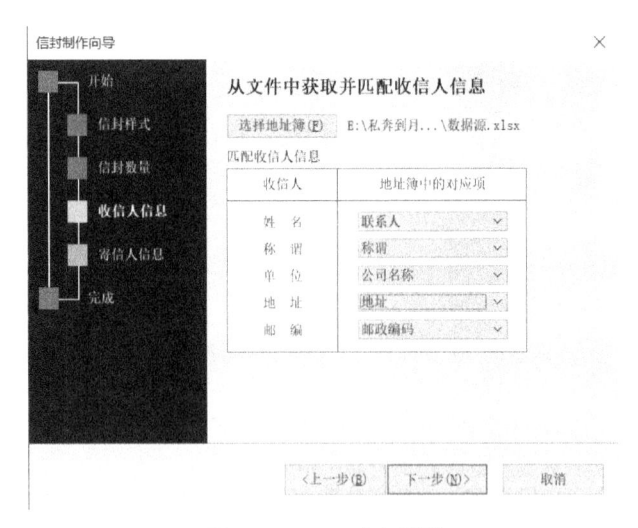

③单击"下一步"按钮进入"输入寄信人信息"步骤。

（4）设置寄信人信息

①输入寄信人信息，如图 5-32 所示。

图 5-32　输入寄信人信息

②单击"下一步"按钮进入"完成"步骤，如图 5-33 所示。单击"完成"按钮在新文档内创建批量信封，如图 5-34 所示。

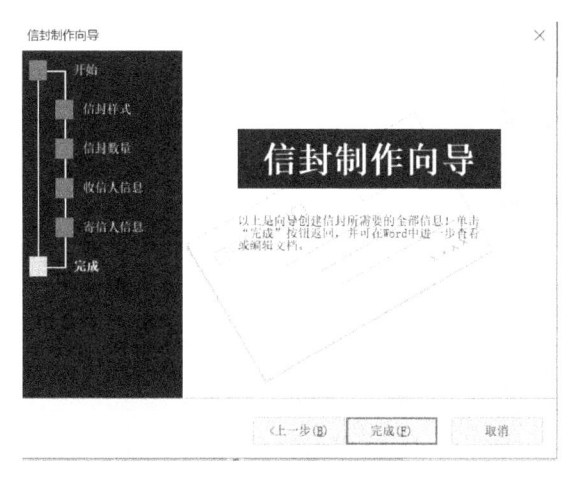

图 5-33 信封制作完成

图 5-34 创建批量信封

2. 批量生成信函

（1）设置主文档

新建 Word 文档并输入信函基本内容，适当地进行内容格式设置，如图 5-35 所示。

尊敬的三川实业有限公司：
　　首先感谢贵公司的厚爱，本公司非常荣幸能有与贵公司进行合作的机会，根据你们的要求，将你们需要的资料发给你们，望贵公司仔细阅读，本公司企盼尽快与贵公司进行合作。

重庆垫江
2021 年 5 月 20 日

图 5-35 信函基本内容

（2）启动邮件合并向导

切换到"邮件"选项卡，单击"开始邮件合并"选项组下的"开始邮件合并"按钮，在弹出的下拉列表中选择"邮件合并分步向导"选项，如图5-36所示，打开邮件合并侧边栏。

图5-36 选择"邮件合并分步向导"选项

（3）选择文档类型

单击选中"信函"单选项，设置所编辑的文档类型为"信函"，如图5-37所示。单击"下一步：正在启动文档"命令，进入"选择开始文档"步骤。

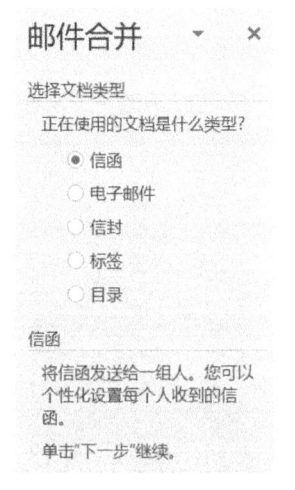

图5-37 选择文档类型

（4）选择开始文档

单击选中"使用当前文档"单选项，如图5-38所示，在现有文档上添加收件人信息。单击"下一步：选取收件人"命令进入"选择收件人"步骤。

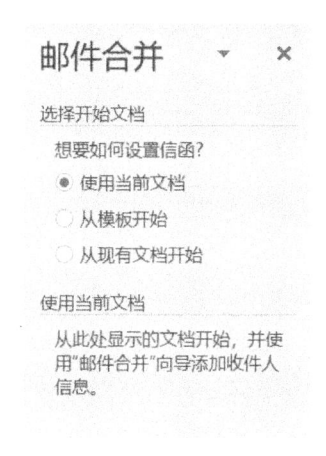

图 5-38 选择开始文档

（5）选择收件人

单击"浏览"命令，如 5-39 所示，弹出"选取数据源"对话框，双击"反馈表.xlsx"文件将其数据链接至当前文档。在跳出的对话框中选择需要应用的工作表，由于本任务中的数据保存在"Sheet l$"表格中，故单击将其选中后单击"确定"按钮即可返回邮件合并侧边栏，如图 5-40 所示。

图 5-39 浏览　　　　图 5-40 选择表格

（6）撰写信函

单击"下一步：撰写信函"命令进入"撰写信函"步骤，如图 5-41 所示。

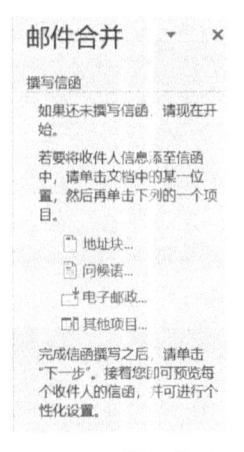

图 5-41　撰写信函

（7）插入合并域

将光标移至文字"尊敬的"后面，单击"编写和插入域"功能组中的"插入合并域"按钮，弹出"插入合并域"对话框，如图 5-42 所示。单击选中"域"列表中的"公司名称"选项，单击"插入"按钮便可在光标处插入公司名称，如 5-43 所示。

图 5-42　插入合并域

图 5-43　插入公司名称

（8）预览信函

单击"下一步：预览信函"命令预览信函域的转换效果，部分内容效果如图 5-44 所示。如果需要查看某收件人，则可以单击上一项按钮图或下一项按钮来选择查看的收件人编号。确认文档没有错误后单击"下一步：完成合并"命令进入"选择输出方式"步骤。

尊敬的三川实业有限公司：
　　首先感谢贵公司的厚爱，本公司非常荣幸能有与贵公司进行合作的机会，根据你们的要求，将你们需要的资料发给你们，望贵公司仔细阅读，本公司企盼尽快与贵公司进行合作。

重庆垫江
2021 年 5 月 20 日

图 5-44　效果

（9）选择输出方式

如果不需要保存而直接打印，则选择"打印文档"选项，弹出"合并到打印机"对话框，如图 5-45 所示，设置需要打印记录的范围。单击"确定"按钮，弹出"打印"对话框设置打印机的打印选项即可。单击"文件"菜单按钮，在下拉菜单中执行"打印"命令，也可直接输入打印机打印输出。

图 5-45　"合并到打印机"对话框

如果需要保存以便日后继续使用，则单击"编辑单个文档"选项打开"合并到新文档"对话框，如图 5-46 所示。设置好需要合并的记录后，单击"确定"按钮便可将所选记录合并到一个新文档中。合并完成后会自动建立一个包含所有记录的新文档，其中每个记录占一页。在新文档中单击"文件"菜单按钮，在下拉菜单中执行"保存"命令，在弹出的"另存为"对话框中输入文件名"批量制作信函"后即可保存该文档以便日后再用。

图 5-46 "合并到新文档"对话框

任务实训

制作奖状打印稿。

操作提示：

a. 证书页面格式设置：自定义纸张尺寸为 25 厘米 ×17.3 厘米；上页边距为 5.6 厘米，下页边距为 2 厘米，左右页边距各为 2.7 厘米。

b. 拟定奖状文稿内容，录入奖状文稿。

c. 设置奖状各部分的文字格式。

d. 版面检查，精确修整。

请列出步骤要点。

任务 5.2　Excel 应用技巧

情景导入

业务员提交了公司最新的电脑配件销售量表，李华需要对这些数据进行分类汇总和排序，进而制作出图表使销售情况更加明确。李华决定先熟悉一下 Excel 的基础知识再开展工作。

5.2.1 Excel 基础知识

1. Excel 定位、跳转快捷键

① Ctrl+A：快速选中全表。

② Ctrl+ 方向键：快速跳转到指定方向。

如何利用 Excel 辅助 Word 表格筛选数据

如何制作企业员工工资表

③ Ctrl+End：快速跳转到报表末尾。

④ Ctrl+Home：快速跳转到报表开头。

⑤ Ctrl+ 鼠标左键点选：快速选中非连续单元格。

⑥ Shift+ 鼠标左键点选：快速选中两次点选单元格之间的矩形报表区域。

⑦ Ctrl+Shift+End：快速从当前单元格选取数据直至报表右下角区域。

⑧ Ctrl+Shift+Home：快速从当前单元格选取数据直至报表左上角区域。

⑨ Ctrl+Shift+ 方向键：快速选中整行、整列、多行、多列数据区域。

⑩ Shift+Home：从当前单元格快速向左选取行数据直至报表最左侧单元格。

⑪ Shift+Page Up：从当前单元格快速向上选取列数据直至报表最上方单元格。

2. 格式转换（数值、日期、时间、货币、百分比）

你是否遇到过接收的报表格式错乱，或者从系统中下载的报表很多格式都需要一一调整的需求呢？如图 5-47 所示为某报表调整前后的表格格式。

	A	B	C	D	E	F
1	常规	千分符整数	时间	日期	货币	百分比
2	1900/1/1	75816.23	0.568	42571	235.02	0.568
3	1900/1/2	34608.3	0.68	42572	4567.87	0.68
4	1900/1/3	42951.68	0.79	42573	123	0.79
5	1900/1/4	3326123	0.828	42574	456.32	0.828
6	1900/1/5	66519.34	0.65	42575	789	0.65
7	1900/1/6	60863.345	0.6574	42576	6632	0.6574
8	1900/1/7	85175323.3	0.123	42577	234.2	0.123
9	1900/1/8	69221.95	0.235	42578	2145.3	0.235
10	1900/1/9	19825.03	0.875	42579	0.88	0.875
11						
12						
13						
14	常规	千分符整数	时间	日期	货币	百分比
15	1	75,816	13:37	2016/7/20	¥235.02	57%
16	2	34,608	16:19	2016/7/21	¥4,567.87	68%
17	3	42,952	18:57	2016/7/22	¥123.00	79%
18	4	3,326,123	19:52	2016/7/23	¥456.32	83%
19	5	66,519	15:36	2016/7/24	¥789.00	65%
20	6	60,863	15:46	2016/7/25	¥6,632.00	66%
21	7	85,175,323	2:57	2016/7/26	¥234.20	12%
22	8	69,222	5:38	2016/7/27	¥2,145.30	24%
23	9	19,825	21:00	2016/7/28	¥0.88	88%

图 5-47　某报表调整前后的表格格式

调整步骤：

①选中单元格区域，按下【Ctrl+Shift+`】组合键，快速设置常规的默认格式。

②选中单元格区域,按下【Ctrl+Shift+1】组合键,快速设置带千分符的数值格式。

③选中单元格区域,按下【Ctrl+Shift+2】组合键,快速设置为"h:mm"的时间格式。

④选中单元格区域,按下【Ctrl+Shift+3】组合键,快速设置为"年–月–日"的日期格式。

⑤选中单元格区域,按下【Ctrl+Shift+4】组合键,快速设置为带人民币符号的货币格式。

⑥选中单元格区域,按下【Ctrl+Shift+5】组合键,快速设置为带百分号的百分比格式。

这样,原本烦琐重复的格式设置,瞬间就可以一键处理好了。

3. 智能填充合并单元格

合并单元格给正常的数据处理和统计带来诸多困扰,很多情况下,我们都需要将合并单元格取消合并,再逐一填充,可如果要处理的合并单元格很多(图5-48),一个个手动处理就太麻烦了,有更好的办法吗?

组别	姓名	业绩		组别	姓名	业绩
1组	1组-1	5707		1组	1组-1	5707
	1组-2	5980		1组	1组-2	5980
	1组-3	4453		1组	1组-3	4453
	1组-4	4651		1组	1组-4	4651
2组	2组-1	6064		2组	2组-1	6064
	2组-2	5415		2组	2组-2	5415
	2组-3	4610		2组	2组-3	4610
3组	3组-1	4888		3组	3组-1	4888
	3组-2	3751		3组	3组-2	3751
	3组-3	4424	→	3组	3组-3	4424
	3组-4	6440		3组	3组-4	6440
	3组-5	4354		3组	3组-5	4354
4组	4组-1	4221		4组	4组-1	4221
	4组-2	4952		4组	4组-2	4952
	4组-3	5542		4组	4组-3	5542
5组	5组-1	4897		5组	5组-1	4897
	5组-2	5832		5组	5组-2	5832
6组	6组-1	4800		6组	6组-1	4800
	6组-2	4128		6组	6组-2	4128
	6组-3	3943		6组	6组-3	3943
	6组-4	4613		6组	6组-4	4613
	6组-5	3508		6组	6组-5	3508

图 5-48 合并单元格

处理步骤:

①选中合并单元格所在区域,单击"取消合并"按钮。

②按【Ctrl+G】组合键,打开定位对话框,定位条件选"空值"按钮。

③输入公式，等于当前活动单元格的上一个单元格（如活动单元格为 A3，公式为 =A2）。

④按【Ctrl+Enter】组合键，批量填充公式。

⑤选中填充公式区域，将公式结果转换为值显示。

4. 巧用序列填充

如果让你填充从 1 到 888888 的数字，你会怎么做？

设置步骤：

①选中要输入序列的起点单元格（如 A2）。

②单击"开始"→"填充"→"序列"。

③在"序列"对话框中设置序列产生在"列"，类型为"等差序列"，步长值从 1 到 888888，单击"确定"按钮。

5. 快速提取表内所有图片

①修改文件后缀名为 .rar。

②打开 rar 压缩包，找到 xl 文件夹下的 media 子文件夹。

③将 media 文件夹内的图片复制到你想要放置图片的位置。

6. 一键快速插入或编辑批注

选中单元格，按【Shift+F2】组合键，这样，不但可以快速插入批注，还可以编辑已有批注。

7. 数据源记录和统计行混杂的表格的汇总方法

如图 5-49 所示的表格，便是数据源记录和统计行混杂的表格。

销售员	1月	2月	3月	4月	5月	6月
一组-1	41	66	79	53	58	72
一组-2	65	93	21	53	45	67
一组-3	42	70	60	34	22	32
一组-4	80	56	27	43	55	21
一组-5	23	50	38	65	41	80
一组-6	81	42	59	78	94	97
一组-7	89	24	13	24	59	73
一组-8	88	15	12	44	39	76
小计						
二组-1	83	67	92	81	46	79
二组-2	17	90	45	60	34	24
二组-3	76	60	95	79	22	75
二组-4	71	81	32	37	16	26
二组-5	14	18	78	13	72	79
二组-6	17	65	83	99	83	36
二组-7	21	47	17	96	86	31
二组-8	85	39	16	46	44	74
二组-9	73	50	48	22	38	64
小计						
三组-1	25	90	36	92	26	45

图 5-49　数据源记录和统计行混杂的表格

①定位功能：可以用 F5 键或者【Ctrl+G】组合键调出定位对话框。

②定位空值：可以批量选中那些间隔不一致的黄色小计行。

③智能求和：快捷键是【Alt + =】组合键，可以实现按照上方数据行数自动填充 SUM 公式进行求和。

8. 添加命令按钮到快速工具栏

在 Excel 中，可以将一些常用的功能按钮添加到快速工具栏上，具体操作如下：单击快速工具栏右侧的下三角按钮，在弹出的菜单中选择"其他命令"选项，如图 5-50 所示；在弹出的对话框中选择要添加的命令，然后单击"添加"按钮，再单击"确定"按钮。

图 5-50　"其他命令"选项

9. 显示和隐藏标尺、网格线

标尺、网格线是编辑表格过程中经常会用到的元素，用户可以根据编辑表格时的实际需要来选择显示或隐藏这些元素，操作方法如下：选择"视图"选项卡，在"显示/隐藏"区域选中相应的复选框。

10. 快速缩放数据表格

快速缩放的具体操作步骤如下：

①按住键盘上的 Ctrl 键，滚动鼠标中间的滚轮，即可缩放数据表格。

②还可以经过设置，让"滚动鼠标滚轮"来直接缩放数据表格。单击

"Office"按钮，在弹出的菜单中单击"Excel 选项"按钮，打开"Excel 选项"对话框，在对话框的左侧选择"高级"项，在"编辑选项"中选中"用智能鼠标缩放"项。

11. 全屏显示数据表格

当要浏览的表格比较庞大，浏览数据不方便时，可以采用全屏幕模式。
具体操作步骤如下：
①切换到"视图"选项卡，在"工作簿视图"选项组中单击"全屏显示"按钮。
②此时，工作表将全屏幕显示，按键盘上的 Esc 键，可回到正常显示模式。

12. 保存为低版本的格式

Excel 2019 的工作簿格式为 .xlsx，但是旧版本的 Excel 并不支持该文件格式，为了避免兼容问题，用户可以将文档保存成 Excel 97-2003 所支持的 .xls 格式。

操作方法如下：
①单击"文件"→"另存为"，打开"另存为"对话框。
②在对话框的"保存类型"中选择"Excel 97-2003 工作簿"项，然后对文件进行保存，如图 5-51 所示。

图 5-51　另存为低版本格式

13. 用鼠标快速复制单元格

在移动单元格的过程中，如果按住 Ctrl 键，则会在鼠标指针的右上角显示"+"号到达目标位置之后，先松开鼠标再松开 Ctrl 键就可以实现单元格的复制。

14. 设置分数自动以百分之几方式显示

为了满足计算的需要，可能需要让输入的分数转换成分母为 100 的形式。
设置方法如下：
①选中数据单元格，打开"设置单元格格式"对话框。
②在"分类"中选择"分数"项，然后选择"百分之几"项，单击"确定"按钮，如图 5-52 所示。

图 5-52　设置分数

15. 轻松删除重复数据

在使用 Excel 处理大量数据时，经常会遇到数据重复录入的现象，尽管我们一遍遍地仔细核对，但出现这样的失误还是难以避免的。

解决的方法如下：
①选中需要检查并删除重复项的单元格区域，选择"数据"选项卡。
②在"数据工具"选项组中单击"删除重复项"按钮。
③此时打开"删除重复项"对话框，选择需要对哪些列进行重复值检查。
④设置完成后单击"确定"按钮，Excel 将对选中的列进行重复值检查，并给出处理结果的提示信息。

16. 快速应用公式到其他表格

对于相同的运算，用户不需要在每一个单元格中都输入相同的公式，而是可以通过选择性粘贴或拖动的方法将公式应用到其他单元格中，具体操作如下：

方法1：在首个单元格输入运算的公式，然后按【Ctrl+C】组合键复制该公式；选中要使用相同公式的其他单元格，然后按【Ctrl+V】组合键将公式应用到其他单元格。

方法2：在首个单元格输入运算的公式，然后将光标放置至单元格右下角的填充柄上，当光标变成黑色十字形状时，拖动鼠标至要使用相同公式的单元格或单元格区域即可。

17. 隐藏和查看工作表中的所有公式

在单元格中输入公式之后，Excel在该单元格显示的对象是公式的计算结果，而非公式的具体内容。用户可以根据需要，改变这一设置：

①打开"Excel 选项"对话框。

②切换到"高级"项，在"此工作表的显示选项"区域中选中"在单元格中显示公式而非其计算公式结果"复选框，单击"确定"按钮，这样则会在单元格中直接显示公式而非计算结果，若取消选中该复选框，则显示计算的结果。

18. 设置打印图像的清晰度

当表格中有高清晰的图片需要打印时，可以进行如下设置：

①打开"Excel 选项"对话框。

②在对话框中选择"高级"项，在"打印"中选中"图形的高质量模式"复选框，单击"确定"按钮，如图 5-53 所示。

图 5-53　设置图形打印质量

19. 同时打印多个工作表

如果需要同时打印工作簿中的多个工作表，可以进行如下操作：
①按住 Ctrl 键，选择要打印的多个工作表对应的标签。
②选择"文件"→"打印"命令。

5.2.2 制作电脑配件销售分析表

制作与编排数据表后，通常要对数据进行分析，Excel 提供强大的数据分析功能，能够对数据进行排序、分类汇总以及通过各种类型的图表达到不同的分析目的，以便更直观地分析数据。

1. 数据排序和分类汇总

（1）数据排序

数据排序是选择要排序的单元格区域，通常包括标题行和其后的所有数据记录行，然后利用排序命令做相应的选择进行排序。排序主要有两种方式，即升序和降序。下面以"一季度各部门电脑配件销售表"（图 5-54）为例，进行升序和降序排序。

产品	价格	部门	数量	销售额
硬盘	860	技术	15	12900
硬盘	860	市场	26	22360
硬盘	860	项目	38	32680
显示器	1560	技术	62	96720
显示器	1560	市场	18	28080
CPU	268	技术	102	27336
CPU	268	市场	81	21708
CPU	268	项目	79	21172
主板	810	技术	20	16200
主板	810	市场	56	45360
主板	810	项目	58	46980
显卡	218	技术	26	5668
显卡	218	市场	89	79402
显卡	218	项目	91	19838

图 5-54　一季度各部门电脑配件销售表

1）升序排序

快速排序是根据数据表中的相关数据或字段名，将数据按照升序或降序的方式进行排序，是最常用的排序方式。

其具体操作如下：选中 E 列任意单元格，打开如图 5-55 所示的"数据"选项卡，单击"排序和筛选"组中的"升序"按钮，即可将数据表按照"销售额"由低到高排序，快速排序结果如图 5-56 所示。

图 5-55 "排序和筛选"面板

图 5-56 快速排序结果

2）降序排序

数据组合排序是指按照多个数据列对数据表进行排序，数据表按照一列数据排后，若排序列中包含重复数据，为了进一步区分数据，可以组合其他列来继续对重复数据排序。

其具体操作如下：

①选中"A2：E16"单元格区域。

②单击"排序和筛选"组中的"排序"按钮。

③打开"排序"对话框，如图 5-57 所示，在"主要关键字"下拉列表中选择"部门"，"次序"为"降序"。

图 5-57 "排序"对话框

151

④添加次要排序条件，添加"次要关键字"。"次要关键字"选择"数量"，"次序"为"降序"，如图 5-58 所示。此时即可对数据表先按照"部门"序列降序排序，对于"部门"序列重复的数据，则按照"数量"序列进行降序排序，排序结果如图 5-59 所示。

图 5-58　添加"次要关键字"

图 5-59　排序结果

（2）分类汇总

在数据清单中快速汇总同类数据，包括分类进行求和、计数、求平均值、求最值等计算。分类汇总有一个重要的前提，即先要将数据按分类字段进行排序。

打开"数据"选项卡，选择"分级显示"组中的"分类汇总"功能按钮，如图 5-60 所示。打开"分类汇总"对话框，如图 5-61 所示。在对话框中，"分类字段"选择"部门"，"汇总方式"选择"求和"，"选定汇总项"选择"销售额"，汇总结果如图 5-62 所示。

图 5-60　选择"分类汇总"

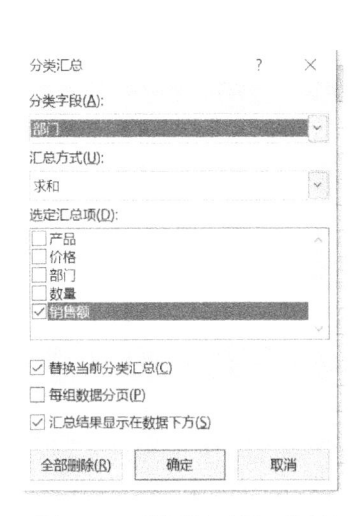

图 5-61　"分类汇总"对话框　　　　图 5-62　汇总结果

2. 筛选和高级筛选

数据筛选就是从数据表中筛选出符合条件的记录，把不符合条件的记录隐藏起来。Excel 有两种筛选，一种是自动筛选，另一种是高级筛选。

（1）自动筛选

选择数据表的任一数据单元格，单击"数据"选项卡的"排序和筛选"组中的"筛选"按钮，如图 5-63 所示。此时数据表中每一列的标题右边都带有一个三角按钮，单击它可以打开一个下拉菜单，如图 5-64 所示，在"部门"列中选择"技术"和"市场"。筛选结果如图 5-65 所示。

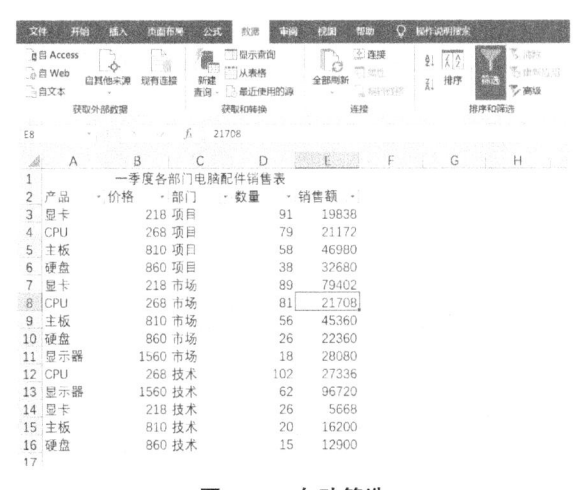

图 5-63　自动筛选

153

图 5-64 筛选操作

图 5-65 筛选结果

（2）高级筛选

自动筛选只能筛选条件比较简单的记录，若条件比较复杂则需要进行高级筛选。在高级筛选操作前，需要建立好进行高级筛选的条件区域，条件区域与数据表之间至少隔 1 列，不能直接与数据表相连。条件区域包括属性和满足该属性的条件。条件区域如果在同一行的，则两者之间的关系为"与"，筛选条件为"数量 >80 且销售额 >20000"。条件区域如果不在同一行的，则两者之间的关系为"域"。

筛选销售表中的"数量 >80，且销售额 >20000"的数据，"列表区域"选择"A5：E19"，"条件区域"选择"D1：E2"，"方式"选择"在原有区域显示筛选结果"，如图 5-66 所示。筛选结果如图 5-67 所示。

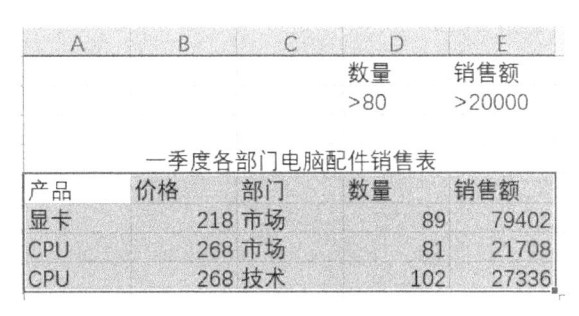

图 5-66　高级筛选　　　　　　　　　图 5-67　高级筛选结果

3. 数据透视表和数据透视图

数据透视表是用于快速汇总大量数据的交互式表格。用户可以选择其行或列来查看对源数据的不同汇总，还可以通过显示不同的页来筛选数据，或者显示所关心区域的明细数据。当要比较相关的总计值并对每个数字进行多种比较时，可以使用数据透视表报表。

其具体操作如下：选中"A2: E16"，打开"插入"选项卡的"表格"组的"数据透视表"，如图 5-68 所示。可选择"推荐的数据透视表"并根据具体需要选择行列，如图 5-69 所示。

图 5-68　数据透视表

图 5-69　推荐的数据透视表

数据透视图的操作与透视表相同，这里不再赘述。

155

4. 图表

Excel 提供了多种类型的图表。不同类型的图表，其表现数据的方式和使用范围也不同。下面就销售表为例学习图表的创建。

（1）创建图表

选中"A2：A16，D2：D16"单元格区域，单击"插入"选项卡"图表"组中的"柱形图"下拉按钮；在对话框中选择"簇状柱形图"选项，如图 5-70 所示。此时在当前工作表中插入柱形图，图表中显示了各配件销售数量的对比，如图 5-71 所示。

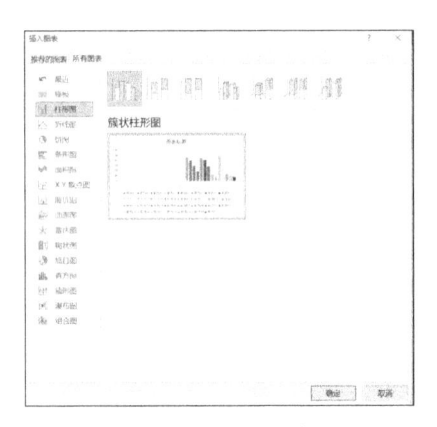

图 5-70　插入图表

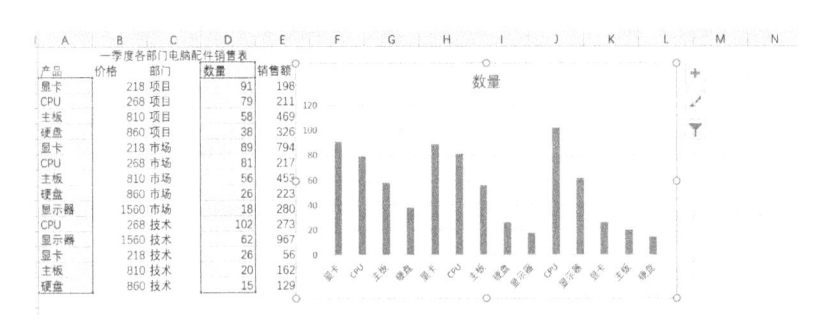

图 5-71　图表结果

（2）修改图表数据

我们可以直接在需要修改的地方右键单击，弹出快捷菜单，然后按要求修改。当然也可以利用图表组，选择数据类型、数据表、图表样式和图表位置，直接对其进行修改。

任务实训

制作班级成绩表。

要求：计算每位同学的总分，并对全班同学的成绩进行排序。

请列出步骤要点。

任务 5.3　PPT 应用技巧

情景导入

> 李华在竞聘的时候，还需要设计制作一份 PowerPoint，用作应聘时的演讲稿。这样可以给自己在应聘时加分不少，既能展示自己的基本信息及特点，又能展示自己的设计技能和艺术修养。让我们来动手做一份属于自己的应聘演讲稿吧！

5.3.1　PPT 基础知识

1. 将 PPT 导出为高清视频

①单击"文件"→"另存为"选项，如图 5-72 所示。

图 5-72　"另存为"选项

②设置保存形式为"MPEG-4 视频（*.mp4）"，然后单击"保存"按钮即可，如图 5-73 所示。

PPT 的酷炫动画效果制作

办公巧匠

图 5-73　设置保存形式

2. PPT 文件怎么修改分辨率

①打开要修改的 PPT 文档，单击"文件"→"选项"，打开"PowerPoint 选项"对话框，如图 5-74 所示。

图 5-74　"PowerPoint 选项"对话框

②选择"高级"选项卡，找到"图像大小和质量"选项组，找到默认分辨率，之后单击"高保真"边上的下拉箭头，选择一个其他的分辨率，单击"确定"按钮即可，如图 5-75 所示。

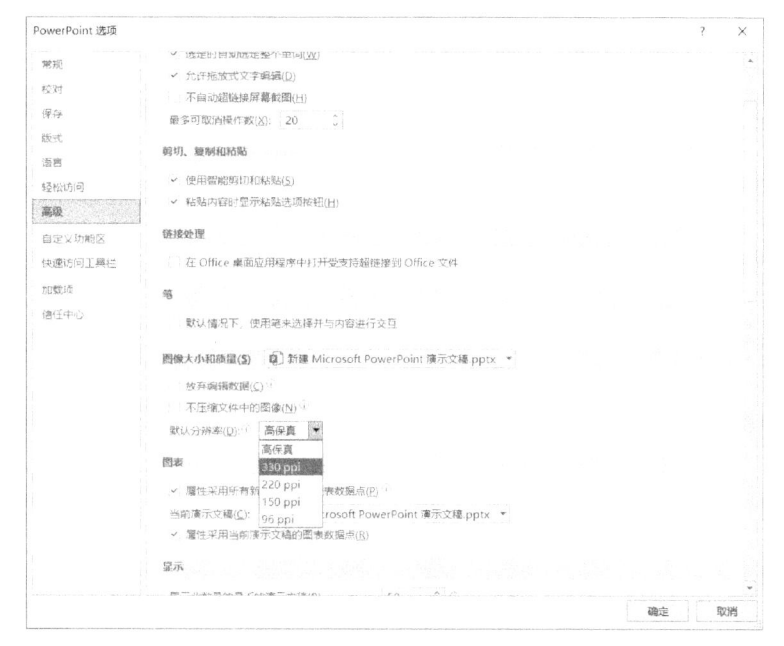

图 5-75　设置分辨率

3. PPT 横版、竖版如何调

单击"设计"→"幻灯片大小"→"自定义幻灯片大小",如图 5-76 所示。在打开的"幻灯片大小"对话框中可以任意设置横向(横版)、纵向(竖版),如图 5-77 所示。

图 5-76　选择"自定义幻灯片大小"　　　图 5-77　"幻灯片大小"对话框

4. 如何增加取消操作数

单击"文件"→"选项"→"高级"→"最多可取消操作数",这里将"最多可取消操作数"改为"100",如图 5-78 所示。

图 5-78 最多可取消操作数

5.3.2 制作应聘演讲稿

1. 创建应聘演讲稿

（1）创建 Office 主题

启动 PowerPoint 2010 以后，系统会自动生成一个名为"演示文稿 1.ppt"的空白文档。

（2）创建 Office 主题的演示文稿

切换到"设计"选项卡，在"主题"选项组中选择"电路"主题，效果如图 5-79 所示。

图 5-79 选择"电路"主题

（3）输入并设计内容

选中幻灯片视图中的第一张幻灯片，分别输入标题与副标题，并将主标题设为"居中"，如图 5-80 所示。

图 5-80　输入标题

（4）插入多媒体对象

1）插入音频文件

选中幻灯片视图中的第一张幻灯片，在菜单栏中选择"插入"选项卡的"媒体"选项组中的"音频"按钮，如图 5-81 所示。选择计算机上的音频文件或者录制音频，单击"确定"按钮，插入音频文件，如图 5-82 所示。

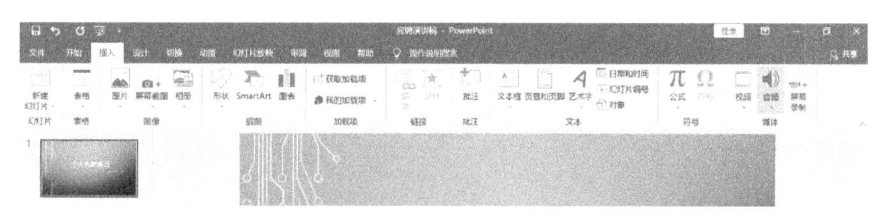

图 5-81　"音频"按钮

图 5-82　插入音频

2）设置声音播放效果

①单击"小喇叭"图标，在菜单栏中选择"动画"选项卡中的"动画"选项组，选择"播放"选项，如图 5-83 所示。

图 5-83　选择"播放"选项

②单击"动画"选项组右下角的启动按钮，弹出"播放音频"对话框，默认进入"效果"选项卡，在"开始播放"选项组中，设置"开始时间"为"00：05"秒；在"停止播放"选项组中，选择第 3 个单选按钮，并在文本框中输入"6"，如图 5-84 所示。

图 5-84　"播放音频"对话框

③切换到"计时"选项卡，在"开始"下拉列表中选择"与上一动画同时"选项，如图 5-85 所示。

图 5-85　选择"与上一动画同时"选项

（5）保存文件

保存文件，并命名为"应聘演讲稿.ppt"。

2. 使用动画效果

打开演示文稿"应聘演讲稿.ppt"。

（1）插入自选图形

①选中幻灯片首页，切换到"插入"选项卡，在"插图"选项组中，单击"形状"按钮，选择"星与旗帜"中的"八角星"，如图 5-86 所示。在幻灯片左下角中创建一个"八角星"，效果如图 5-87 所示。

图 5-86　选择"八角星"

图 5-87 插入"八角星"

②选中"八角星",单击"形状填充"按钮,如图 5-88 所示,在弹出的列表中选择"渐变—浅色变体—从中心",如图 5-89 所示。

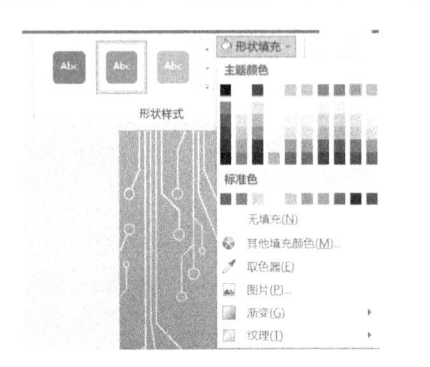

图 5-88 "形状填充"　　图 5-89 选择"渐变—浅色变体—从中心"

(2)设置自定义图形动画效果

①选定"八角星",切换到"动画"选项卡,在"动画"选项组中,单击动作路径中的"自定义路径",如图 5-90 所示。

图 5-90 动画路径列表

②选择"计时"选项组，设置计时效果，"开始"选项选择"上一动画同时"，"持续时间"设置为"03.00"，如图5-91所示。

图5-91 设置计时效果

（3）复制自选图形并编辑动画路径

①复制图形路径。选中"八角星"并进行复制，然后在幻灯片中粘贴一个相同的图形，使用目标主题进行粘贴，当前幻灯片中将显示两个完全一样的图形和路径，如图5-92所示。

图5-92 复制图形路径

②编辑动画路径。选中复制的"八角星"，编辑路径，如图5-93所示。设置计时效果，"开始"选项选择"与上一动画同时"，"持续时间"设置为"03.00"。

图5-93 编辑动画路径

（4）设置文本动画效果

选择副标题，设计动画效果为"浮入"，设置动画计时方式"与上一动画同时"。

（5）设置幻灯片切换效果

①选择"切换"选项卡，在"切换到此幻灯片"选项组中，选择"淡入/淡出"效果，如图5-94所示。

图 5-94　淡入

②在"切换到此幻灯片"选项组中，单击"效果选项"按钮，选择"平滑"效果，如图5-95所示。

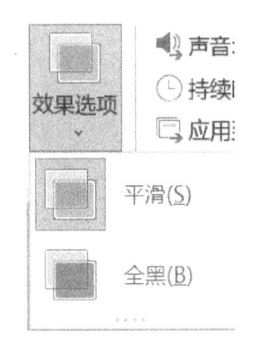

图 5-95　选择"平滑"效果

（6）保存文件

保存"应聘演讲稿.ppt"演示文稿。

3. 演讲稿的美化

我们已经把演讲稿的首页做好了，接下来我们要完成个人的基本信息、所学专业课程、自荐信和求职意向及结尾部分的设计。在本任务中我们主要完成内容的编辑和动画效果的设置，并完成打包过程。

（1）选择版式

①在菜单栏中选择"开始"选项卡中"幻灯片"选项组的"新建幻灯片"中的"两栏内容"版式，新建一张幻灯片。

②按照同样的方式新建其他三张幻灯片，这三张幻灯片都选择"标题和内容"版式，最后新建的一张幻灯片选择"仅标题"版式。

（2）输入并设计内容

第一步，选中幻灯片视图中的第二张幻灯片，输入基本信息，并适当调整文本框的位置，如图 5-96 所示。

图 5-96　输入基本信息

第二步，设计 SmartArt 图形：

①选中幻灯片视图中的第三张幻灯片，输入标题"所学专业课程"，并插入 SmartArt 图形，如 5-97 所示，选择"关系"中的"射线列表"，如图 5-98 所示。

图 5-97　插入 SmartArt 图形

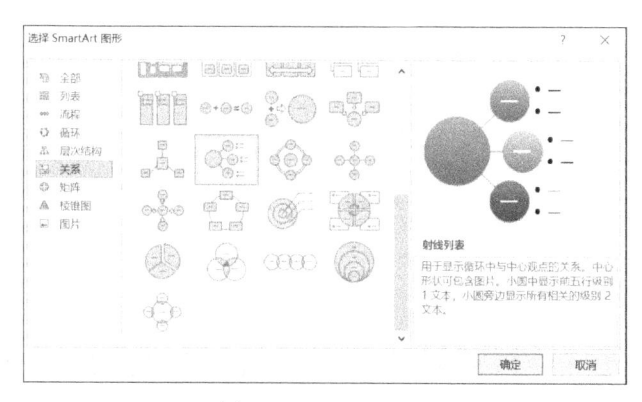

图 5-98　选择"关系"中的"射线列表"

②选择 SmartArt 图形的"嵌入"样式，输入 SmartArt 图形内容，单击 SmartArt 图形中双箭头处，展开左侧的级别设计，并输入相关内容，删除其他无文本部分，如图 5-99 所示。

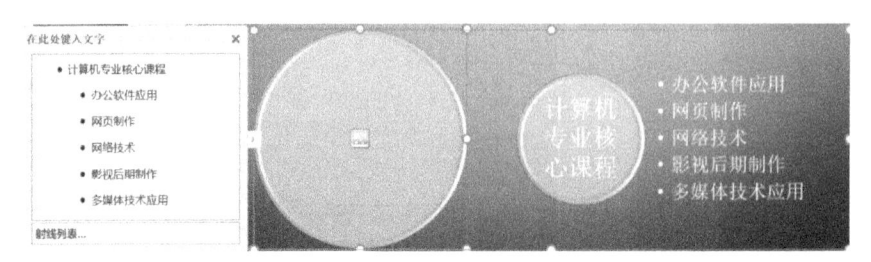

图 5-99　输入 SmartArt 图形内容

③插入素材中的"图1"，如图 5-100 所示，并调整相应位置，效果如图 5-101 所示。

图 5-100　插入图形

图 5-101　效果

第三步，完成第四张幻灯片：选中幻灯片视图中的第四张幻灯片，输入标题及内容，如图 5-102 所示。

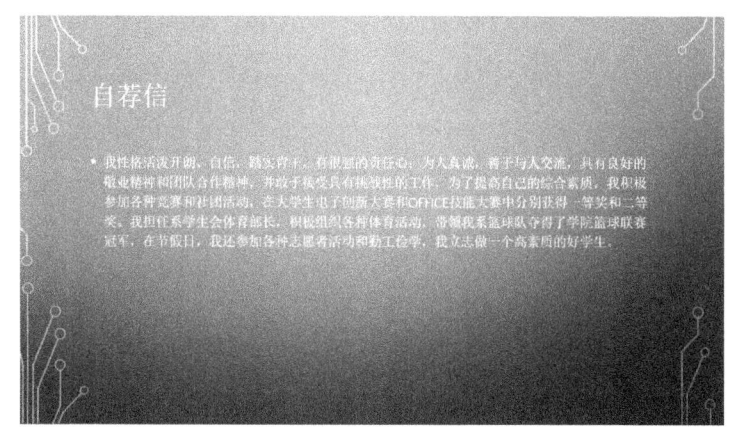

图 5-102　完成第四张幻灯片

第四步，完成第五张幻灯片：输入标题及插入 SmartArt 图形，选择 SmartArt 图形为"向上箭头"，如图 5-103 所示，并输入内容，如图所示 5-104 所示，稍作调整，效果如图 5-105 所示。

图 5-103　向上箭头

图 5-104　输入内容

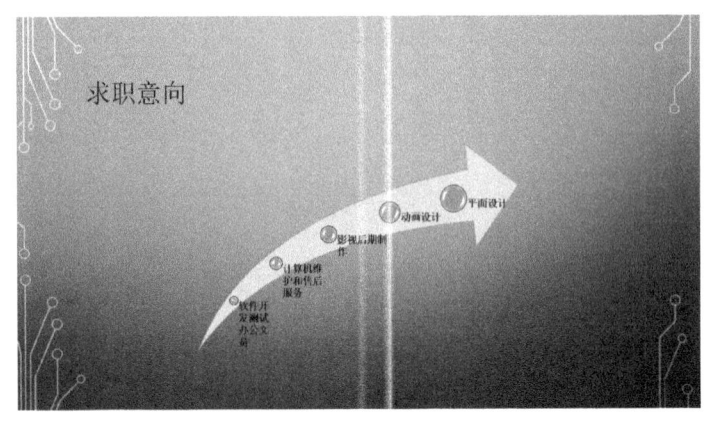

图 5-105 效果

第五步,选中幻灯片视图中的第六张幻灯片,输入标题设为深红色,将文本框放入幻灯片的中心位置,结尾页面效果如图 5-106 所示。

图 5-106 结尾页面效果

(3)设置动画效果

将 2 至 6 张幻灯片的切换效果均设置为"淡出"效果,设置"效果选项"为"平滑"。

将 2 至 6 张幻灯片的切换的"换片方式"设置为"单击时"。

(4)保存文件

保存文件"应聘演讲稿.ppt"。

任务实训

操作提示如下：

a. "在音乐会海报"中插入第二张新幻灯片，采用标题和内容版式（删除标题文本框）。

b. 编辑内容：（以下内容使用自选的项目符号或图片项目符号）

（a）演出日期：2017年7月1日—5月20日。

（b）演出时间：19：30—21：30。

（c）演出地点：滨海音乐堂。

（d）购票热线：88883333。

（e）注意事项：着正装；禁止携带食物入场；禁止大声喧哗；禁止在演出期间使用闪光灯。

c. 文字格式要求：前5行设为"华文新魏""32"，其余"华文楷体""23"。

d. 插入第三张新幻灯片，采用"标题和内容"版式。

e. 输入标题"篇章流程"。

f. 插入SmartArt图形，选择"向上箭头"。

g. 更改SmartArt图形颜色为"彩色－强调文字颜色"。

请列出步骤要点。

项目 6　即时通信工具应用技巧

项目目标

◎知识目标

①了解微信的办公功能。

②了解 QQ 的办公功能。

◎能力目标

①能够熟练使用微信进行办公文件整理、办公提醒等综合操作。

②能够熟练运用 QQ 组织学习、办公活动。

③能够熟练进行 QQ 远程操作。

◎思政目标

①通过微信高效办公技巧的学习，使学生养成做事有条理、有记录的好习惯，改掉丢三落四的坏习惯。

②通过 QQ 群技巧的学习，锻炼学生团结协作、互助友爱的精神，锻炼学生的生活能力。

项目导图

项目 6 知识体系框架如图 6-1 所示。

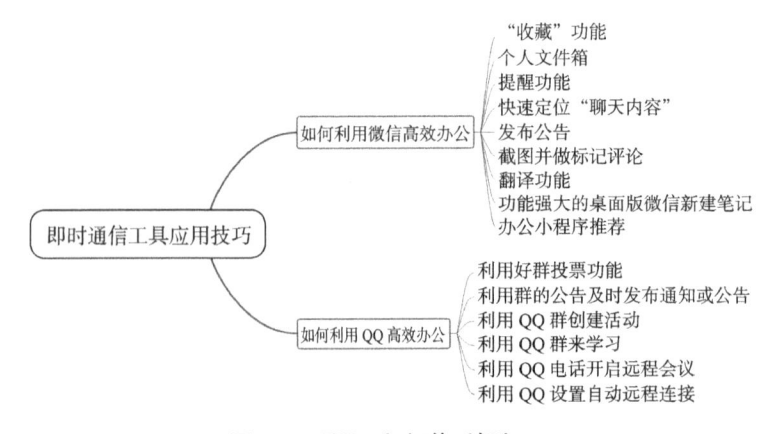

图 6-1　项目 6 知识体系框架

即时通信工具应用技巧
- 如何利用微信高效办公
  - "收藏"功能
  - 个人文件箱
  - 提醒功能
  - 快速定位"聊天内容"
  - 发布公告
  - 截图并做标记评论
  - 翻译功能
  - 功能强大的桌面版微信新建笔记
  - 办公小程序推荐
- 如何利用 QQ 高效办公
  - 利用好群投票功能
  - 利用群的公告及时发布通知或公告
  - 利用 QQ 群创建活动
  - 利用 QQ 群来学习
  - 利用 QQ 电话开启远程会议
  - 利用 QQ 设置自动远程连接

任务 6.1　如何利用微信高效办公

情景导入

今天李华收到公司的通知：星期五下午两点钟，公司全部新人将参加在线办公的业务培训，要求新人们做好准备，提前在手机、笔记本电脑安装微信等即时通信工具，了解这些软件的操作界面。

李华虽然经常用微信聊天、刷朋友圈，但是如何利用微信办公还是第一次，他心里有些期待，但是也担心自己难以掌握这些技巧。

微信本来是一种社交工具，是让我们用来聊天并且沟通感情的，但是随着时代的变化，很多人不可避免地需要使用微信来办公，例如微信里面加了公司的同事、客户等。在2020年初新冠肺炎疫情期间，不少企业开启了居家办公模式，很多员工也开始了在家上班。实际上即使没有疫情，随着时代的变迁，越来越多的职场人也会放弃漫长的通勤时间，选择居家移动办公。无论是全职的自由工作者，还是偶尔为之的远程工作者，居家办公都将是未来企业发展所需的工作新模式或者企业办公的新工作模式。下面我们就来学习利用微信（移动端和PC端）实现高效办公的技巧吧！

6.1.1 "收藏"功能

我们平时在微信上看到喜欢的文章、喜欢的音乐，只需要长按就能直接收藏。除了可以收藏喜欢的东西，收藏的笔记功能也不容小觑。

操作步骤如下：

直接单击微信的"我"→"收藏"进入"我的收藏"对话框，然后单击右上角的"+"直接添加笔记。进入页面后我们就可以看到如图6-2所示的界面，我们可以直接写下自己的想法，或者做笔记，添加图片视频、位置、文件等，界面上还有各种排版的符号，简直就是随身的笔记本。

图 6-2　添加"笔记"

如果你想列出待办清单,那么可以单击"待办"的排版方式,然后输入你要做的事情,为了更醒目一些,你可以在完成后单击右上角的"...",选择"在聊天中置顶",然后把自己的待办事项置顶在你的聊天框中,这样你一打开微信就能收到待办事项消息提醒,如图 6-3 所示。

图 6-3　设置待办清单

6.1.2　个人文件箱

你可能会问:什么是个人文件箱?我们在利用微信办公的时候,经常需要收发很多文件,有的时候文件不知道在哪里要找很久,很不方便。我们可以建一个独立的个人文件箱来解决这个问题。

操作步骤如下：

第一步：单击微信的界面右上角的"+"→"发起群聊"→"面对面建群"，如图6-4所示。

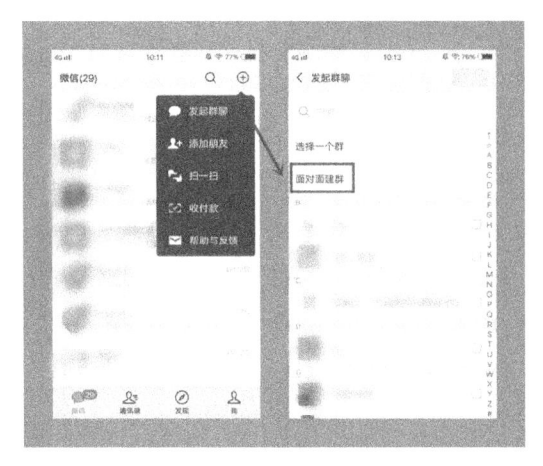

图6-4 第一步

第二步：进入之后输入四个数字，随机的数字就可以，然后这时只有你自己一个人，单击"进入该群"，这样只有你自己一个人的群聊就建好了，改个名字"我的文件箱"然后置顶在你的聊天界面里，如图6-5所示。

图6-5 第二步

这样，收到文件需要保存时，你就转发到这个群聊里就可以了，以后需要查找文件的时候就方便得多了。

6.1.3 提醒功能

当收到同事或领导发来微信办公内容时，我们虽然会及时回应，但是又常常忘记。这时，其实我们可以将对话内容长按设置提醒时间，让工作如期完成。不过，微信提醒不支持 1 小时内的时间。

操作步骤如下：

在聊天界面长按需要提醒的消息，选择"提醒"，选择需要设置提醒的时间，这样时间一到微信就会以服务通知的形式通知你，如图 6-6 所示。

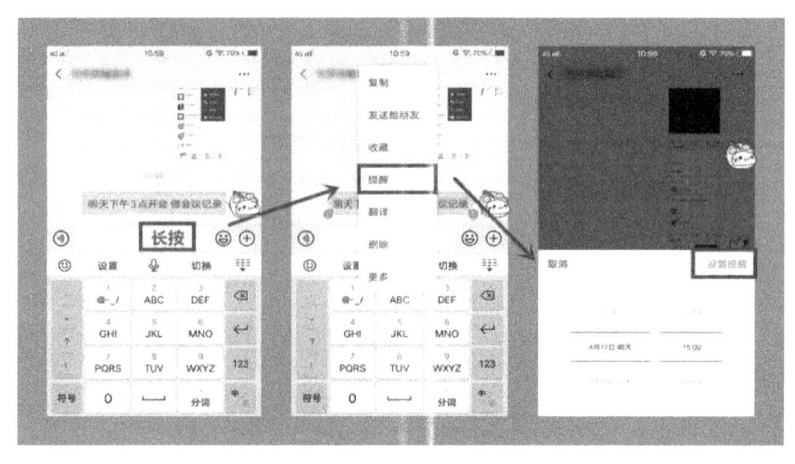

图 6-6　提醒功能

6.1.4 快速定位"聊天内容"

很多时候，微信的办公环境常体现在"群聊"的成员交流中，但毫无主次且内容众多的时间线，会让你在寻找和工作相关的内容时非常麻烦，不能快速定位。这时候，我们可以通过"查找聊天记录"来解决。

操作步骤如下：

在微信群聊详情界面中，单击"查找聊天记录"，这时界面除了搜索框外还有几个快速搜寻的子选项（群成员、日期、图片及视频、文件、链接、音乐、交易、小程序）。这意味着查找聊天内容时你可以先选择以上任意一个选项，再进一步搜寻，快速定位。

例如，我想查找 A 在群聊中的发言记录时，单击"群成员"，选择 A，即可出现 A 在群聊中的聊天内容，如图 6-7 所示。

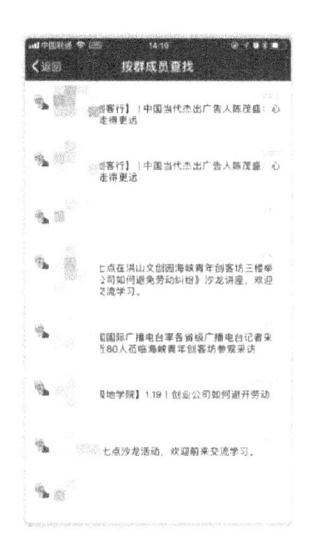

图 6-7　查找聊天内容

6.1.5　发布公告

如果你是公司某个业务微信群的群主，使用公告功能将会更高效地实现群里发通知的目的。

操作步骤如下：

打开群聊界面，单击右上角的"…"，选择群公告栏目进入编辑界面，编辑好内容并保存时，软件将会询问"该公告会通知全部群成员，是否发布？"，单击"确定"按钮之后，公告内容就会以"@所有人"以及置顶的形式提醒群里的所有人，如图 6-8 所示。

图 6-8　发布公告

6.1.6 截图并做标记评论

当你在网上看到值得分享的内容，可以用截图迅速发给工作伙伴，还可以在图片上标注重点和添加文字、表情包，如图 6-9 所示。图片的简单编辑功能在手机微信上也可以使用，虽然功能没有在 PC 端上这么强大，但裁剪、添加文字和表情都可以完成。

图 6-9　微信的图片编辑功能

6.1.7 翻译功能

我们既可以长按微信消息进行翻译，也可以单击右上角 "+" → "扫一扫" → "翻译" 来进行翻译，个人可根据喜好来选择，如图 6-10 所示。

当然我们还可以用专门的软件来进行翻译，比如 "语音翻译器"，它主要有语音翻译和文本翻译两个功能。要想使用这两个功能来进行翻译操作，就必须先设置 "源语言" 和 "目标语言"，然后才可以进行翻译，如图 6-11 所示。

图 6-10　微信的翻译功能　　　　　图 6-11　语音翻译器的功能

6.1.8　功能强大的桌面版微信新建笔记

如果要细数微信中"存在感"低的功能，那么笔记收藏至少会被排在前列，但恰恰是这个隐藏较深的功能，却能够很好地满足工作需要。

微信电脑版的笔记功能与 Android 版、iOS 版相比，缺少了直接插入录音文件、地理位置的功能，但是提供了笔记内容的样式调整、快速截图的功能。单击微信电脑版主界面左侧的"收藏"，再单击"新建笔记"将打开笔记编辑界面，如图 6-12 所示。

图 6-12　笔记编辑栏

微信电脑版的笔记编辑界面，可以视为进阶版的文本编辑器，比较常用的功能是支持插入和预览 GIF 文件，内置的截图功能还可直接修改截图图片（图6-13）。另一个常用的功能就是创建待办事项（图 6-14），不过由于电脑版微信缺少提醒和在聊天中置顶的功能，在对待办事项的提醒上还显得不足。

图 6-13 笔记编辑界面

图 6-14 创建待办事项

6.1.9 办公小程序推荐

1. 文叔叔

文叔叔是一个文件传输工具，我们利用这个小程序可以很方便地和同事分享文件或收集文件。

除了分享文件和收集文件外，这个小程序还有一个比较实用的功能是备份微信文件。操作方式也很简单，打开文小盘后，上传文件时选择"从好友聊天记录选择"即可，如图 6-15 所示。

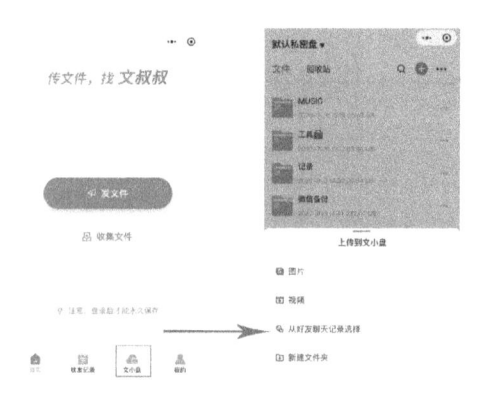

图 6-15 "文叔叔"小程序

2. 白描取字

当你想要将图片文字转化为可编辑的文字时，文字识别就派上用场了。

白描取字小程序支持手写文字识别、聊天图片等识别、多国语言识别、批量识别、识别后多国语言翻译等，如图 6-16 所示。

3. 讯飞快读

讯飞快读的特色是能模仿人声语气将文章进行语音朗读，语音文件支持分享及下载，如图 6-17 所示。

4. 创客贴

创客贴是海报、公众号图片等设计类小程序，它比 PS 简单太多，但丰富的素材、模板化操作又可以让"小白"们轻松制作高大上的宣传图，如图 6-18 所示。大部分素材是免费的，但也有一些看起来更漂亮的素材是收费的。当然你如果办会员，或者得到免费会员，就可以随便用了。虽然这是小程序版本，但功能还是比较强大的。如果你用计算机的话，当然还可以体验网页版，其功能是最全面的。

图 6-16 "白描取字扫描"小程序　　图 6-17 "讯飞快读"小程序

图 6-18 "创客贴"小程序

5. 接龙管家

接龙管家包含投票和填表这两项功能，正好填补微信在办公上的空白，如图 6-19 所示。另外，这个小程序的填表还支持导出 Excel，投票还支持图片选项，比企业微信还强大得多。接龙管家让办公的微信群变得更有秩序，通知反馈、信息收集等工作更加高效简单，功能百搭而强大，微信办公不可或缺。

图 6-19 "接龙管家"小程序

6. 腾讯文档

小程序版的 Office，对手机端操作优化还是不错的。Word、Excel、PPT 这三类基本功能都有，另外还有收集表单，以及微信聊天中的 Office 类文档导入功能，方便对已有文件进行编辑。腾讯文档的一大亮点就是模板比较丰富，如果新手用户不知道该如何开始，那么可以直接在模板基础上进行完善修改，比较方便，如图 6-20 所示。

图 6-20　"腾讯文档"小程序

7. 传图识字

有的时候我们需要将照片上的字提取出来或者将纸质文档转换为电子文档，如票据、证件的录入等，但是对着图片一个个字敲进计算机或手机里效率太低。

传图识字是一款智能扫描小程序，你可以实现拍照自动识别，轻松提取图片上的所有文字，支持印刷和手写文字，如图 6-21 所示。拍照或从相册选取要识别的图片后，涂抹自己需要的文字然后进一步操作即可，可以复制然后粘贴保存到其他地方。

办公巧匠

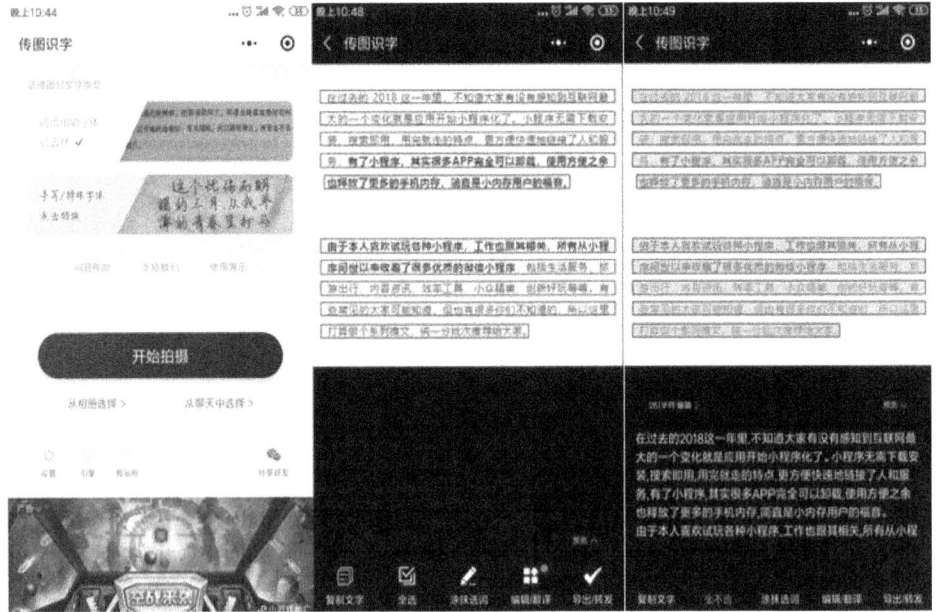

图 6-21 "传图识字"小程序

"传图识字"小程序也可以对识别内容进行中英翻译和再编辑，除了中英互译，还支持日语、韩语、法语、德语等十几种语言翻译，功能强大。此外还能将识别内容导出为 Word、PDF 文件，或直接发送邮箱。

任务实训

a. 学生选择使用移动端微信或 PC 端微信，搜索与办公有关的小程序，列举 3～5 个，分别简要说明这些小程序的功能和操作要点，写在下面的空白处。

b. 学生自由分组，每组 5～8 人，每个小组就是一个"企业"发起人，要求：建立企业筹备微信群，结合设立企业的有关事项利用微信及小程序的功能完成企业设立的活动，截图并形成展示文件，在全班范围内分享。

让微信成为高效办公助手

任务 6.2 如何利用 QQ 高效办公

情景导入

经过培训，李华知道微信是一个很好的提高办公效率的工具，但是他也发现微信也有一些不足的地方，如不能发送大文件、公务和私事容易混淆等。在课后的交流会上，他说明了自己的想法。培训老师认可李华的想法，她告诉李华，下周将安排利用 QQ 开始网络办公的培训，希望李华做好准备，继续参加培训。

如果问起 QQ 是什么，可能很多朋友会想到它是一款用户量最多的即时通信工具，但很少有人会想到，它同时是一款有助于高效办公的利器。利用它，原先需要专门工具才能完成的远程 PPT 文档演示、语音、视频会议和文件瞬间快传等工作，都可轻松搞定。下面就让我们一起学习利用 QQ（移动端、PC 端、TIM）实现高效办公的技巧吧。

6.2.1 利用好群投票功能

一些方案的落实、候选人的选定、某几个建议的落实等可以充分利用群投票功能来实现。

发布方法：打开 QQ 群聊天窗口，单击右上角的"…"，选择"应用中心广场页面"→"群投票"→"发起新投票"→设置投票主题、投票选项、选择模式、截止时间、提醒和投票隐私，也可以上传与投票相关的图片，单击"确定"按钮，如图 6-22 所示。

图 6-22　发起投票

巧用 QQ 截图的奇妙功能

6.2.2 利用群的公告及时发布通知或公告

如果我们在聊天窗口发布通知，在聊天内容越来越多时，不一定每个人都会看到，而发布新公告后，每个人打开 QQ 后都会跳出新公告，方便大家及时去阅读了解。

发布方法：打开 QQ 群聊天窗口，单击"公告"→"发布新公告"→输入标题和正文（正文可以加入表情、图片和视频），单击"发布新公告"。这样群公告就发布成功了，如图 6-23 所示。

图 6-23　发布公告

6.2.3 利用 QQ 群创建活动

为了增强职工的团队合作，我们可以利用 QQ 群来创建一些有意义的活动。

发布方法：在 QQ 群聊天窗口，单击"活动"→"创建活动"→"群内活动"，设置好活动名称、时间、地点、提醒和活动介绍内容，单击"创建活动"按钮，如图 6-24 所示。这样就实现了无纸化进行活动宣传。

（a）设置参数

（b）创建完成

图 6-23　发布活动

6.2.4 通过 QQ 群来学习

一些会议精神学习文件、一些操作技巧文件等，可以通过上传到 QQ 群里让群成员来共同学习。

发布方法：在 QQ 群聊天窗口中选择"文件"，单击"上传"按钮，选择学习文件，单击"打开"按钮，就可以上传文件了，如图 6-25 所示（也可以直接在聊天窗口单击上传文件），此外还可以利用群邮箱来上传学习文件。

（a）"文件"窗口　　　　　　（b）选择文件

图 6-24　上传文件

6.2.5 利用 QQ 电话开启远程会议

当有紧急情况要召开会议一时无法集中职工时，可以电话通知所有人开启 QQ，然后发起 QQ 电话进行开会。

操作方法：单击群应用的 QQ 电话，选择"当前群内直接发起"（也可选择部分成员），然后等待其他成员点击加入 QQ 电话中，远程会议就可以开始了，如图 6-26 所示。

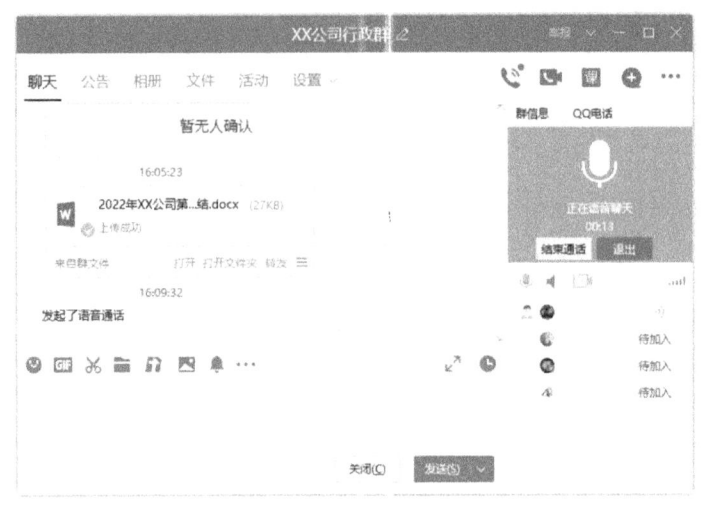

图 6-26　发起远程会议

6.2.6 利用 QQ 设置自动远程连接

在工作中经常会遇到回到家了要加班，但是文件又在办公室的情况，用 QQ 自动远程连接，比软件连接的好处是计算机界面不会变黑，跟平时办公一样。

第一步，需要有两个 QQ 号，要实现 QQ2 号自动连接 QQ1 号，则登录 QQ1 单击"设置"按钮，如图 6-27 所示。

图 6-27　登录 QQ1

如何利用 QQ 高效办公

第二步，在弹出的界面中单击"权限设置"选项卡的"远程桌面"选项，如图 6-28 所示。

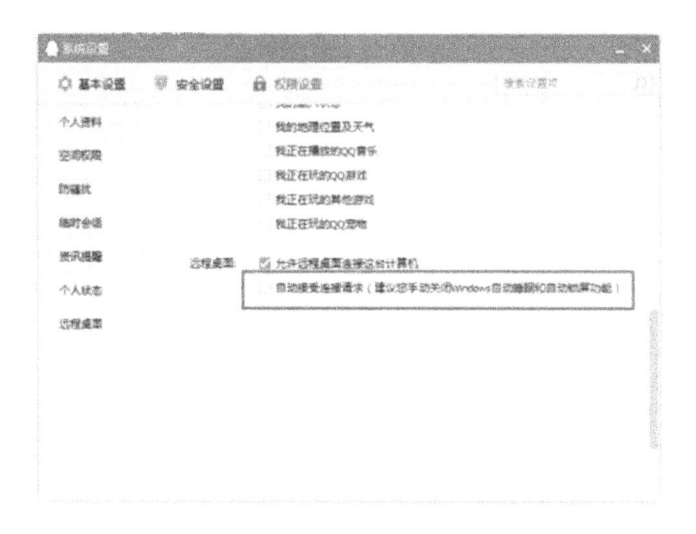

图 6-28　更改权限

第三步，勾选"自动接收连接请求（建议你手动关闭 Windows 自动睡眠和自动锁屏功能）"复选框，在弹出的对话框中选择右上角的"添加好友"按钮，如图 6-29 所示。

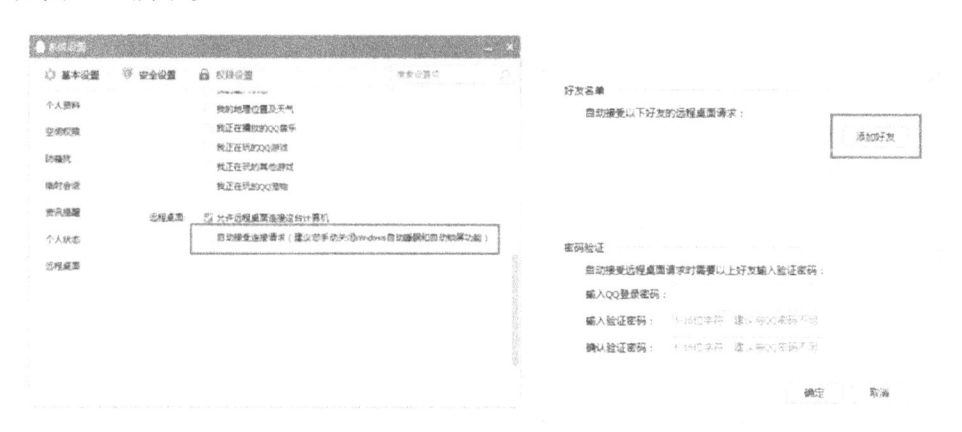

图 6-29　勾选"自动接收连接请求"和"添加好友"

第四步，在弹出的窗口中搜索朋友（QQ2 和 QQ1 必须是好友关系），点击"确定"按钮。

第五步，在弹出的窗口中，先填入 QQ1 的登录密码和自动接受远程桌面请求时的验证密码，如图 6-30 所示。

图 6-30　输入登录密码和验证密码

第六步，登录 QQ2，找到与 QQ1 的对话框，然后单击"远程连接"，在弹出的窗口中输入之前设置的验证密码即可，如图 6-31 所示。

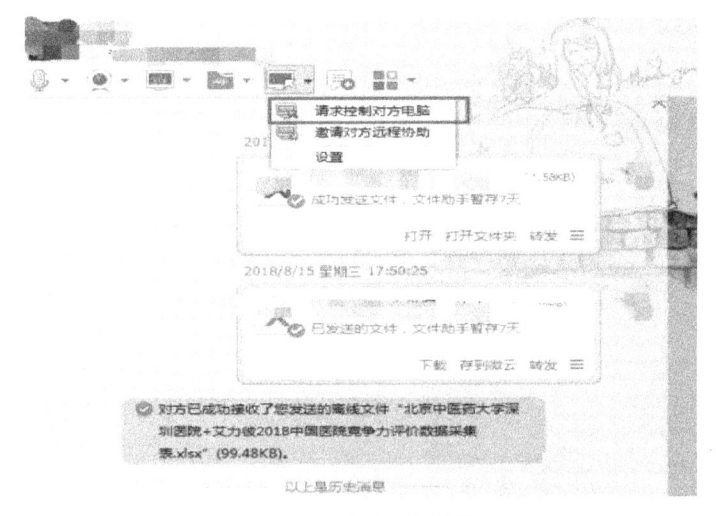

图 6-31　确认远程连接

任务实训

学生自由分组，每组 5～8 人，每个小组就是一个端午活动策划小组，要求：创建一个端午活动策划 QQ 群，自行设计端午活动的内容，利用 QQ 提供的功能完成活动策划工作，截图并形成展示文件，在全班范围内分享。

项目7 图片处理技巧

📖 项目目标

◎知识目标

①了解美图秀秀常用功能和操作方法。
②了解光影魔术手的常用功能和操作方法。

◎能力目标

①能够熟练使用美图秀秀或光影魔术手制作标准证件照。
②能够熟练运用美图秀秀或光影魔术手的模板功能。
③能够熟练运用美图秀秀或光影魔术手制作精美海报。

◎思政目标

①通过用图片处理软件制作证件照的学习,锻炼学生的基本学习能力和日常生活能力。
②通过用图片处理软件制作日历的学习,锻炼学生欣赏美、走进美的能力,培养学生乐观、积极、美好的心态。
③通过用图片处理软件制作团建海报和墙报的学习,培养学生的集体主义精神和奉献精神。

📖 项目导图

项目7知识体系框架如图7-1所示。

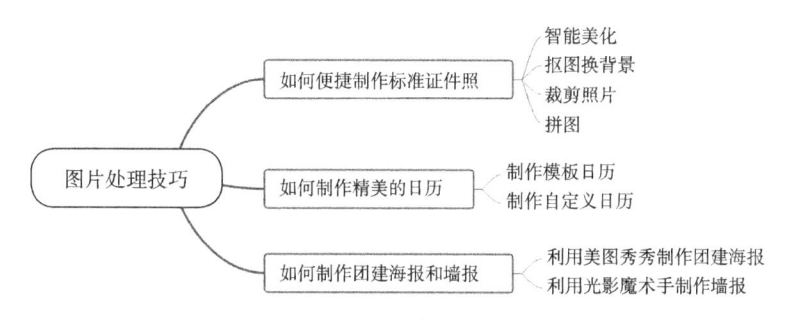

图7-1 项目7知识体系框架

任务 7.1 如何便捷制作标准证件照

> **情景导入**
>
> 公司要给新员工制作一批工作证,需要标准的证件照片。说起证件照,李华一点也不陌生,他不仅自己照过,还在快照店里见过老板如何利用 Photoshop 软件编辑照片。不过这次有些不同,公司经理用手机拍好照片,发给李华,让他尽快将这些个人照片处理成蓝底的标准证件照。
>
> 李华看着照片,心里有些犯难,自己没有学过 Photoshop 软件,即便是现学现卖也来不及了,这可怎么办呢?

我们在工作中经常会遇到这种图片编辑工作,虽然专业的图像处理工具如 Photoshop 系列软件能够很好地处理这种图片编辑工作,但是这些软件不仅功能强大、操作复杂,需要经过系统的培训,而且正版软件价格不菲,对于日常办公来说性价比并不理想。一些非专业图像处理软件,如光影魔术手、美图秀秀等,这些"傻瓜"软件虽然在最终效果上要比专业软件差,但是界面简洁、操作简便,而且是免费的,能基本满足日常工作中的图像编辑需求。

如何便捷制作标准证件照

下面我们利用美图秀秀(版本号:6.4.9.1)来制作标准证件照。

7.1.1 智能美化

我们都希望自己在照片中是光彩照人、完美无瑕的,但是总会有一些小问题影响拍照效果,比如光线问题、皮肤问题。美图秀秀提供了智能美化功能以及各种滤镜,能够较好地让照片更加美观。

操作步骤如下:

第一步,在"美图秀秀"编辑窗口中打开一张素材照片,如图 7-2 所示。

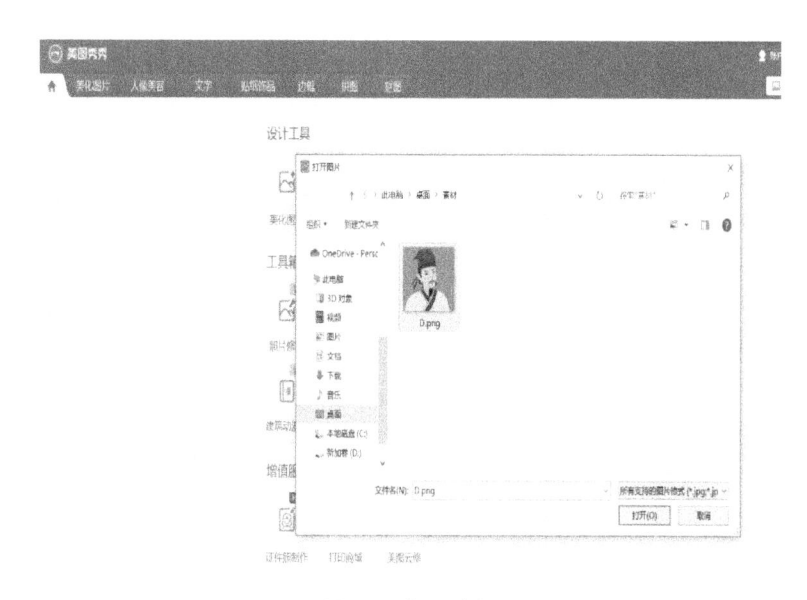

图 7-2　打开素材

第二步，在图 7-2 中，单击"智能优化"按钮，软件自动对照片进行美化。我们可以单击"对比"按钮，比较优化前后的效果，如图 7-3 所示。

图 7-3　比较优化前后效果

第三步，单击界面下方"应用当前效果"按钮，得到最终的优化结果如图 7-4 所示。

图 7-4　优化结果

我们也可以使用美图秀秀提供的滤镜对照片进行美化，大家课后可以自己操作。

7.1.2 抠图换背景

在 Photoshop 中抠图是一项非常专业的技能，而美图秀秀不仅具有手动抠图功能，而且其具有的自动抠图功能更是很好地弥补了手动抠图不精确的不足。

操作步骤如下：

第一步，切换至"抠图"选项卡，里面有"自动扣图""手动抠图""形状抠图""AI 人像抠图""万物抠图"5 个选项，如图 7-5 所示。

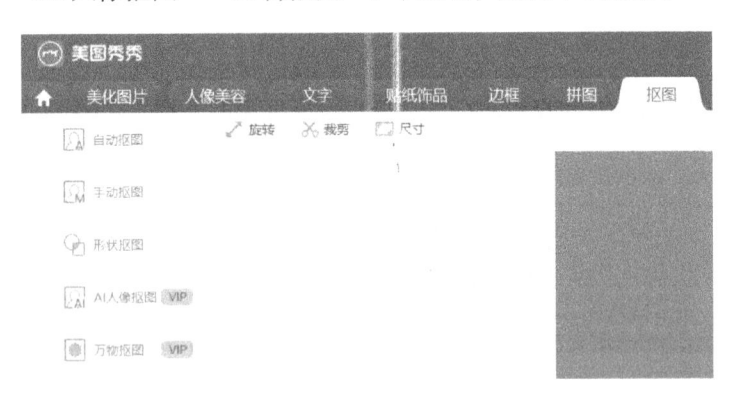

图 7-5　"抠图"界面

第二步，选择"自动扣图"，只需在抠图的区域上划线，软件会自动将要抠出的部分用蚂蚁线圈起来，如图 7-6 所示，单击"完成抠图"即可。

194

图 7-6　自动抠图操作

第三步，单击界面下方的"换背景"按钮，如图 7-7 所示。我们需要制作蓝底证件照，所以选择"纯色背景"，在图 7-8 所示的界面中选择蓝色作为背景颜色。在"前景编辑"窗口我们可以取默认值，不做修改，单击"应用效果"按钮，如图 7-9 所示。

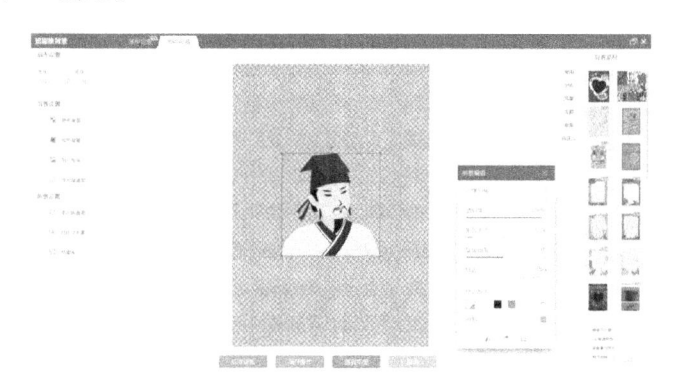

图 7-7　替换背景

图 7-8　选择背景颜色

图 7-9　抠图换背景后的效果

7.1.3 裁剪照片

操作步骤如下：

第一步，单击菜单栏中的"裁剪"按钮。进入裁剪编辑界面，如图 7-10 所示。在界面右侧，我们可以看到软件设置了一些常用的尺寸类型：电商、证件照、考试照、比例。我们可以按照自己的需要选择，也可以在左侧区域设置自己想要的宽度和高度、形状等。

图 7-10　裁剪编辑界面

第二步，选择"证件照"，单击"标准 1 寸 /1R"按钮，如图 7-11 所示。然后返回照片框中，调整裁剪的照片大小，确定好大小后，单击下方的"应用当前效果"按钮即可，如图 7-12 所示。

图 7-11　选择裁剪要求　　图 7-12　裁剪后的效果

如果对裁剪后的效果不满意，我们可以单击"撤销"按钮，恢复原状，重新操作。

第三步，单击"保存"按钮，在弹出的"保存"对话框中，保存路径选择"自定义"，更改默认保存路径为"D：\证件照"（事先在 D 盘新建"证件照"文件夹），文件名和格式设置为"证件照小王.jpg"，画质选择"高画质"，单击"保存"按钮，如图 7-13 所示。

图 7-13　保存图片

7.1.4　拼图

这样，1 寸标准证件照就制作完成了，不过要打印照片，我们还需要进行拼图操作。一般来说一张 6 寸相纸，可以打印 8 张 1 寸标准证件照，但是美图秀秀中可以安排 8 张 1 寸标准证件照的拼图模板是收费的，我们只能用免费的

可以安排 6 张照片的拼图模板，打印之后我们可以得到 4 张 1 寸标准证件照和 2 张 2 寸标准证件照。

操作步骤如下：

第一步，在"拼图"选项卡中选择"模板拼图"，如图 7-14 所示。

图 7-14 选择"模板拼图"

第二步，在界面右侧的热门模板中选择数字"6"，出现若干拼图模板，选择我们需要的模板，效果如图 7-15 所示。

图 7-15 选择拼图模板的效果

第三步，如图 7-16 所示，选择拼图模板上的色块，然后单击页面左侧的"添加图片"按钮，选择"D:\证件照"文件夹，添加图片，以此类推，为其他色块添加图片。

图 7-16　添加图片

第四步，如图 7-17 所示，套入模板的图片没有全部显示，我们可以单击图片，在弹出的"照片"对话框中单击"旋转"按钮，逐个调整图片的方向。单击"确定"按钮，最终得到的拼图的效果如图 7-18 所示。

图 7-17　调整图片方向　　　　　　　　图 7-18　拼图的效果

第五步，单击"保存"按钮，在弹出的"保存"对话框中，其他信息可以不做修改，将文件名与格式更改为"证件照 - 小王 02"，单击"保存"按钮，将制作好的文件保存在 D 盘的"证件照"文件夹中。

第六步，打印照片，此步骤不做赘述。

办公巧匠

任务实训

a. 学生相互用手机拍摄照片，然后利用美图秀秀软件制作 1 寸标准证件照，然后用彩色打印机打印出来，比一比，看谁做得最好。请把操作步骤和心得体会写在下面的空白处。

b. 学生使用其他图片处理软件制作 1 寸标准证件照。请把操作步骤和心得体会写在下面的空白处。

任务 7.2　如何制作精美的日历

情景导入

今天刚上班，经理就交给李华一项任务：制作一张 2022 年 5 月份的日历，然后打印出来粘贴在办公室的墙壁上；图案以垫江牡丹为主。

李华接受任务之后，上网找了些垫江牡丹的高清图片，可是用什么软件制作成了李华现在的最大难题。

光影魔术手是一款国产图像处理软件，具有改善画质、人像美化、文字加水印等功能，其以简单便捷的使用方法、灵活多变的处理功能、丰富多彩的边框类型受到用户的好评。

光影魔术手（版本号：4.4.1.304）的日历设计功能有模板日历和自定义日历两种形式，下面我们来学习如何使用光影魔术手的这两种功能设计、制作个性日历。

7.2.1　制作模板日历

操作步骤如下：

第一步，打开光影魔术手软件，单击"打开"按钮选择素材照片，如图 7-19 所示。

如何制作精美的日历

图 7-19　打开素材图片

第二步，单击工具栏"日历"按钮，选择"模板日历"，出现如图 7-20 所示的界面。

图 7-20　"模板日历"界面

第三步，在界面右侧的模板中选择自己喜欢的日历模板，如图 7-21 所示。

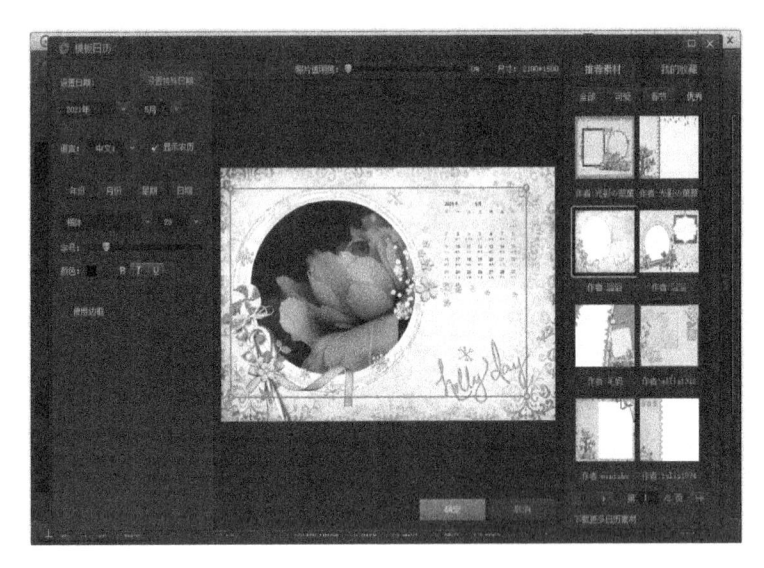

图 7-21　选择日历模板

第四步，在界面左侧的选项卡中设置日期、选择年月日的字体字号，日期我们选择 2022 年 5 月，语言默认"中文 1"，勾选"显示农历"，年份和月份设置为"等线""45 号"，星期设置为"黑体""35 号"，日期设置为"楷体""33 号"，字体颜色设置为"黑色"，不使用边框，如图 7-22 所示。

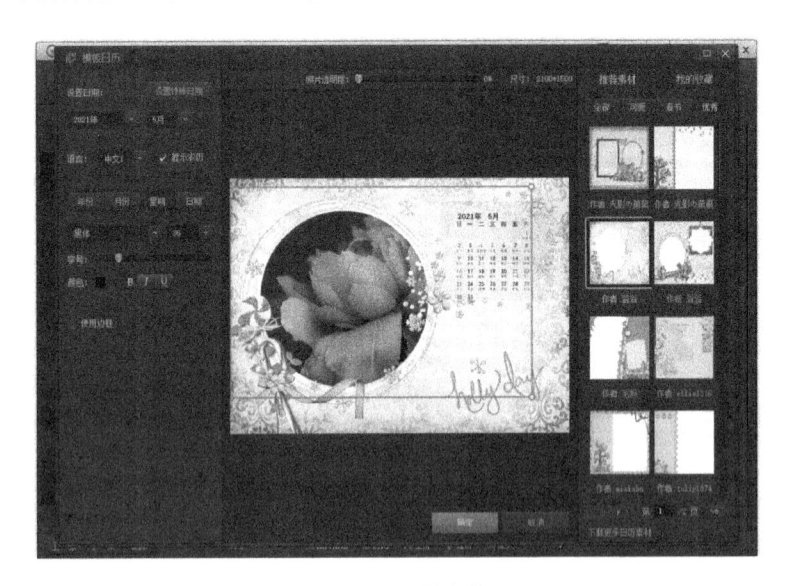

图 7-22　设置参数

第五步，在图 7-22 中，日历模板上的框线是素材图片的尺寸，我们可以通过拉动框线调整素材的展示范围，使画面更美观。

第六步，单击界面下方的"确定"按钮，日历就做好了，如图 7-23 所示。

图 7-23　制作好的日历

第七步，单击工具栏中的"另存"按钮，弹出如图 7-24 所示的对话框。我们重命名文件为"2022 年 5 月日历 01.jpg"；单击"修改大小"按钮，在下拉界面中勾选"采用高质量 JPEG 输出"；选择"日历制作"文件夹，单击"保存"按钮。

第八步，打印制作好的日历，此步骤不做赘述。

图 7-24　保存文件

7.2.2 制作自定义日历

我们除了使用"模板日历"外，还可以选择"自定义日历"来制作更加个性化的日历照片，最终的效果如何就看自己的视觉美学功底了。

操作步骤如下：

第一步，打开光影魔术手软件，单击"打开"按钮选择素材照片，如图7-25所示。

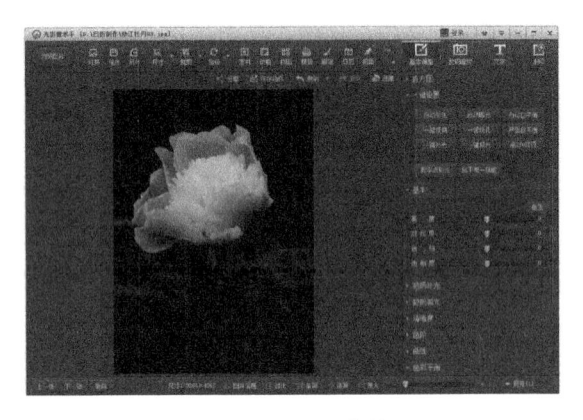

图 7-25　打开素材

第二步，我们可以对素材进行必要的裁剪。光影魔术手提供了两种裁剪图片的方式：一是按尺寸裁剪；二是按比例和固定尺寸裁剪。单击"裁剪"下拉菜单的"按4∶3裁剪"，可以自动将图片裁剪成宽高比为4∶3的形式。为了能截取理想的画面，单击"裁剪"按钮，在出现的"宽高比"下拉菜单中选择"4∶3"，如图7-26所示。

图 7-26　选择截取比例

第三步，如图 7-27 所示，我们可以通过拖拽裁剪框截取自己想要的画面范围。

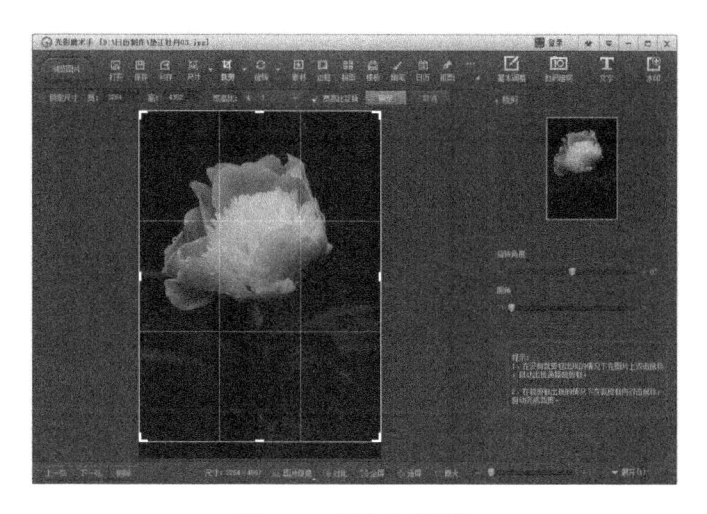

图 7-27　设定宽高数值

第四步，点击"日历"按钮，选择"自定义日历"。如图 7-28 所示，我们可以发现弹出的编辑框是比较凌乱的，年份、月份、日期挤在一堆。

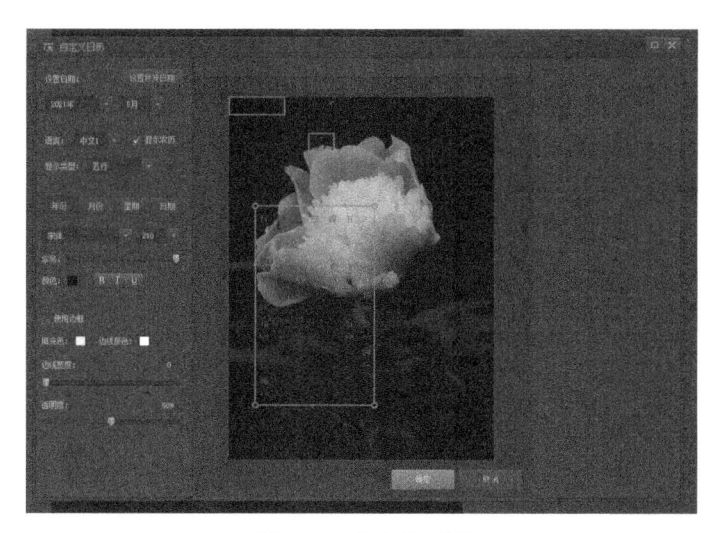

图 7-28　自定义日历

第五步，设置参数。设置日期为"2022 年 5 月"，语言默认"中文 1"，默认勾选"显示农历"；显示类型"五行"；年份和月份设置为"黑体""210 号""白色"，星期设置为"微软雅黑""105 号""白色"，日期设置为"微

205

软雅黑""96 号""白色";节日颜色默认"红色",特殊日期颜色默认"黄色",不使用边框;拖动蓝色编辑框,调整日期、月份、年份的位置,直到自己满意位置,如图 7-29 所示。

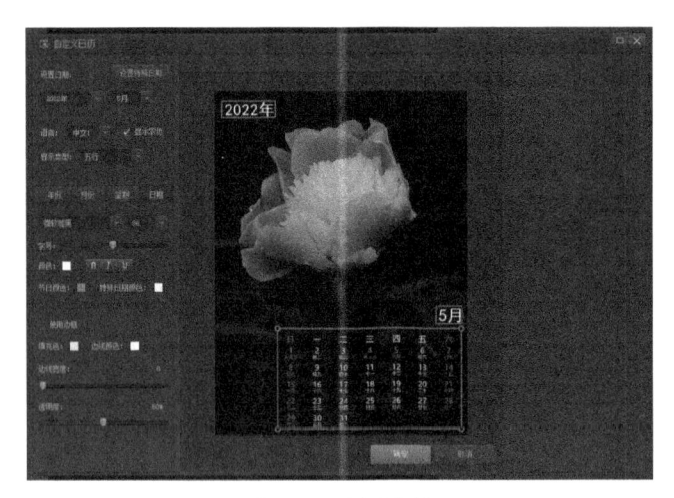

图 7-29 设置参数

第六步,单击界面下方的"确定"按钮,日历就做好了,如图 7-30 所示。

图 7-30 制作好的日历

第七步,单击工具栏中的"另存"按钮,弹出如图 7-24 所示的对话框。我们重命名文件为"2022 年 5 月日历 02.jpg";单击"修改大小"按钮,在下拉界面中勾选"采用高质量 JPEG 输出";选择"日历制作"文件夹,单击"保存"按钮。

第八步,打印制作好的日历,此步骤不做赘述。

任务实训

学生自主选择图片，然后利用光影魔术手软件制作本月日历，最后用彩色打印机打印出来，比一比，看谁做得最好。请把操作步骤和心得体会写在下面的空白处。

任务 7.3　如何制作团建海报和墙报

情景导入

一年一度的公司团建预定星期五和星期六在垫江的迎风湖景区举行，经理对李华说："公司团建很重要，所以要让大家都知道，你去设计一张海报，张贴在公司门口。"他又向李华交代了一些关于团建的事情。

今天是星期一，李华必须尽快设计出海报。他找了一些图片素材，把文案信息整理一下，可是用什么软件制作成了李华现在的最大难题。

美图秀秀和光影魔术手不但可以美化、裁剪图片，调整图片大小，而且它们还有拼图功能，尤其是美图秀秀的拼图功能更为强大。美图秀秀具有智能拼图、图片拼接、海报拼接、自由拼图、模板拼图、海报拼图等功能，并内置多套海报模板，我们使用它就能很轻松地制作出精美的海报。不仅如此，我们还可以利用这两种软件将有意义的图片进行排版，制作成墙报。

7.3.1　利用美图秀秀制作团建海报

操作步骤如下：

第一步，打开 PPT，输入本次团建活动的主要信息，设置字体为"行楷"、字号为"36号"。为了使海报美观，我们可以将 PPT 的背景颜色调成绿色。核实信息无误之后，单击"另存"按钮，将文件命名为"团建活动信息.jpg"，更改保存类型为"JPEG 文件交换格式（.jpg）"，单击"保存"按钮，如图 7-31 所示。

图 7-31 保存文件

第二步，在"美图秀秀"编辑窗口中打开一张素材照片，如图 7-32 所示。

图 7-32 打开文件

第三步，点击界面左侧的"海报拼图"按钮，如图 7-33 所示。软件自动套入模板，我们在右侧的热门海报模板中选择自己喜欢的海报模板。切换模板如图 7-34 所示。

图 7-33 "海报拼图"界面

图 7-34 切换模板

第四步,在海报界面中,双击添加图片,如图 7-35 所示。这样海报基本做完了,我们可以通过拖拽图片来调整效果。最后,单击界面下方的"确定"按钮。

图 7-35 添加图片

第五步，单击主界面的"保存"按钮，在弹出的"保存"对话框中，保存路径选择"自定义"，默认保存路径改为"D：\团建海报"，将文件名与格式更改为"团建海报"，画质调整选择"高画质"，单击"保存"按钮，制作好的文件保存在 D 盘的"团建海报"文件夹中，如图 7-36 所示。

图 7-36 保存文件

第六步，打印制作好的海报，此步骤不做赘述。

7.3.2 利用光影魔术手制作墙报

团建活动结束了，李华拍摄了很多精彩的照片，他可以利用光影魔术手的拼图功能制作墙报，把精彩瞬间分享给每一个同事。

操作步骤如下：

第一步，在 K 盘上新建文件夹，重命名为"公司团建照片合集"。

第二步，打开光影魔术手，在工具栏中单击"拼图"按钮，选择"自由拼图"，如图 7-37 所示。

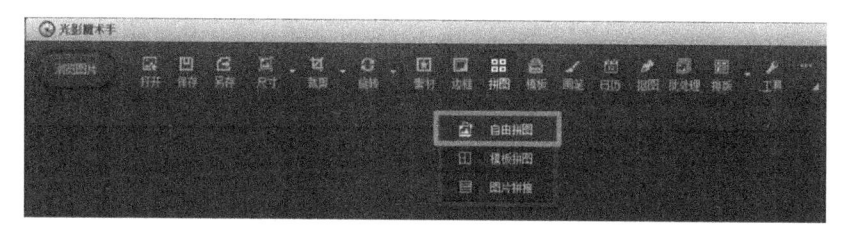

图 7-37 选择"自由拼图"

第三步，在如图 7-38 所示的界面中，在右侧选择自己喜欢的画布，然后单击左侧的"添加多张图片"按钮，添加"公司团建照片合集"文件夹里的图片。

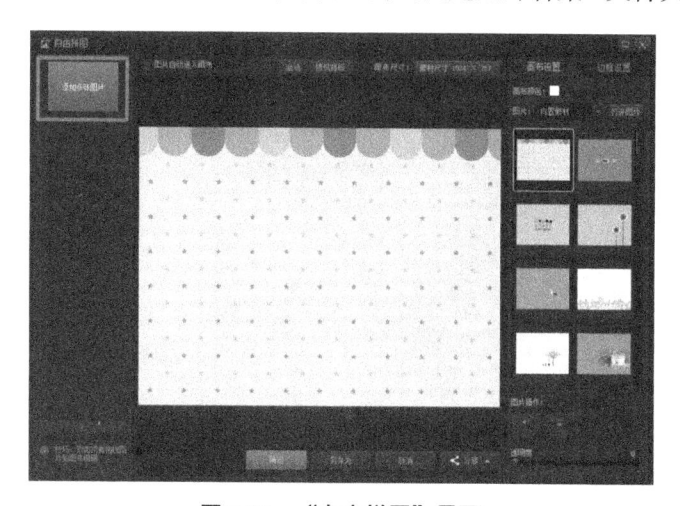

图 7-38 "自由拼图"界面

第四步，在如图 7-39 所示的界面中，我们可以将界面左侧的照片拖拽到画布上，也可以勾选界面上方的"图片自动进入画布"，然后单击"随机排版"按钮，这样照片就排布在画面上了。但是这时的排布是混乱的，我们可以拖拽照片移动位置，也可以单击照片右下角的旋转按钮调整角度和大小。

办公巧匠

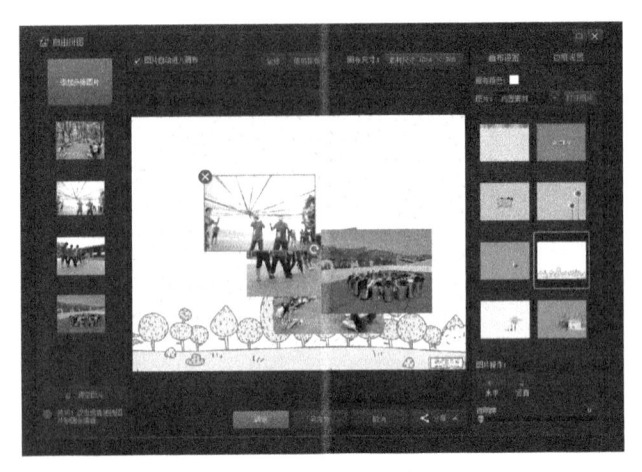

图 7-39 添加图片

第五步，单击界面右上角的"边框设置"按钮，为照片选择合适的边框。

第六步，单击界面下方的"确定"按钮，我们的墙报就制作完成了，如图 7-40 所示。

图 7-40 墙报作品

如何实现简单的图片排版

任务实训

"红五月"师生合唱比赛定于 5 月 14 日（星期五）19 时在学校操场正式举行。学生利用网络搜集相关素材，使用美图秀秀软件制作合唱比赛的宣传海报。请把操作步骤和心得体会写在下面的空白处。

项目 8　影音处理技巧

项目目标

◎知识目标

①了解录屏软件 Camtasia Studio 的功能和操作方法。

②了解格式工厂的功能和操作方法。

◎能力目标

①能够熟练使用 Camtasia Studio 录制微课。

②能够熟练运用格式工厂进行简单剪辑和视频格式转换。

◎思政目标

①通过录屏软件的学习，锻炼学生的学习能力和协作能力。

②通过录屏和视频处理的学习，培养学生的取舍能力和应变能力，以及培养学生分析问题和解决问题的能力。

项目导图

项目 8 知识体系框架如图 8-1 所示。

图 8-1　项目 8 知识体系框架

任务 8.1 录 屏

情景导入

重庆某中职学校一名语文教师正在制作教学视频,其中有一部分素材需要录制在电脑上操作的过程。这位老师试过用相机、手机对着屏幕录制,但效果不好。于是该老师在 QQ 群中向其他老师求助。一名教影视后期课程的老师向他推荐了 Camtasia Studio 录屏软件,说这款软件简单易学,也特别适合用来录制教学视频。语文老师试用了这软件之后,效果果然比用相机、手机拍摄的好多了。

录屏软件有很多,常见的有 Bandicam、EV 录屏、oCam、Camtasia Studio 等,其中既有收费软件,也有免费软件。但就教育领域来说,应用最广泛的是 Camtasia Studio。

下面以 Camtasia Studio 视频软件为例,具体介绍录制屏幕的操作步骤。

第一步,在计算机中安装 Camtasia Studio。

第二步,启动 Camtasia Studio,进入工作界面,如图 8-2 所示。

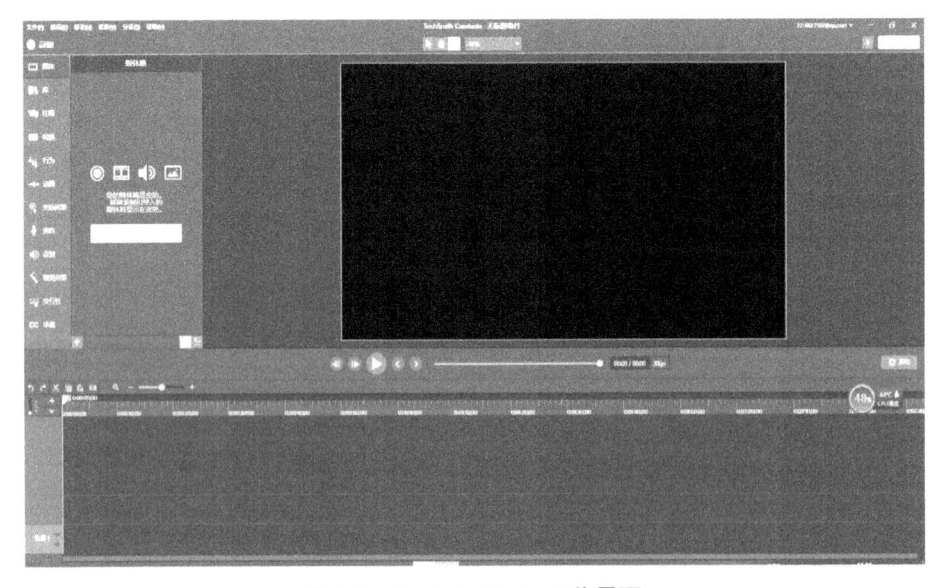

图 8-2 Camtasia Studio 工作界面

第三步，单击左上角的"录制"按钮，打开录制控制面板，如图8-3所示。

图8-3 录制控制面板

第四步，单击"选择区域"选项组中"自定义"按钮右侧的下拉按钮，在弹出的下拉菜单中选择录制尺寸（如宽屏、标屏），如图8-4所示。

图8-4 选择录制尺寸

第五步，在"已录制输入"选项组中，设置是否使用相机，以及是否录制系统音频或麦克风声音，如图8-5所示。

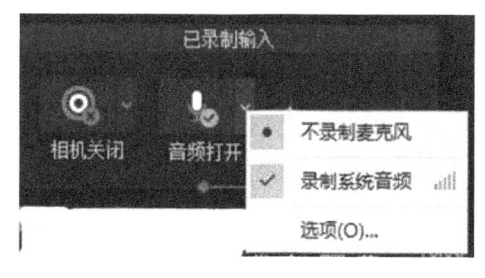

图8-5 "已录制输入"选项组

第六步，设置完毕后，单击"rec"按钮，如图8-6所示，开启录制。

图 8-6　录制按钮

第七步，录制开始后，录制对话框将显示"持续时间"和"删除"按钮、"暂停"按钮、"停止"按钮。"持续时间"表示视频录制时长，"删除"按钮表示停止录制并不保存视频，"暂停"按钮表示暂时停止录制但还可继续录制，"停止"按钮表示终止录制，如图 8-7 所示。

图 8-7　录制对话框

第八步，单击"停止"按钮，完成录制。此时，Camtasia Studio 将重新启动，已录制的视频被保存在 Camtasia Studio 的"媒体库"中，同时时间轴自动生成视频轨道，如图 8-8 所示。

图 8-8　视频轨道

第九步，将时间轴光标移动到适当位置，单击"暂停"按钮，暂停播放视频，单击时间轴左上角的"拆分"按钮，即可将整段视频从光标位置拆分开来，如图 8-9 所示。

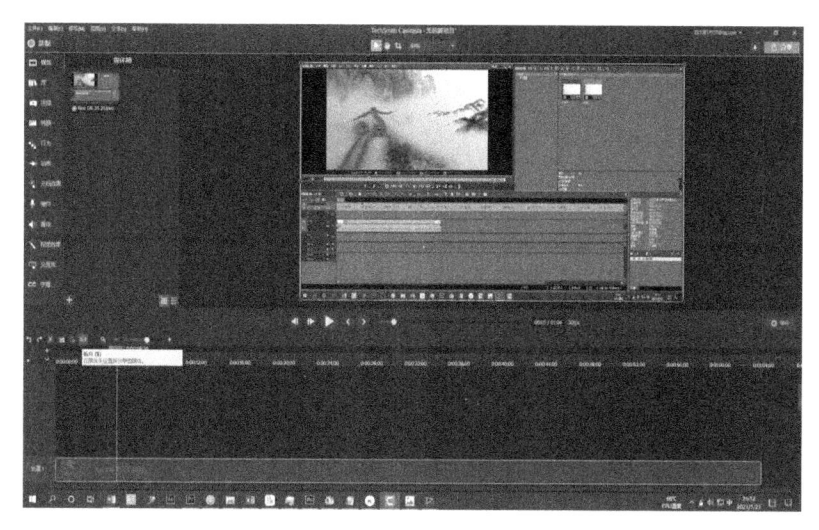

图 8-9　拆分视频

第十步，选中某段视频，单击时间轴左上角的"复制"按钮，即可复制该段视频，如图 8-10 所示。

图 8-10　复制视频

第十一步，选中某段视频，单击时间轴左上角的"剪切"按钮，可将该视频剪切至剪贴板，如 8-11 所示。

图 8-11　剪切视频

第十二步，选择侧边工具栏中的"视觉效果"选项，在打开的"视觉效果"面板中选择"剪辑速度"选项，将其拖动至时间轴"视频条"。单击"视频条"中间的三角形按钮，显示"剪辑速度"效果条，预览窗口右侧也将出现关于"剪辑速度"的属性设置面板，在其中可以设置"剪辑速度"的属性，如速度、持续时间等，如图 8-12 所示。

（a）"视觉效果"面板

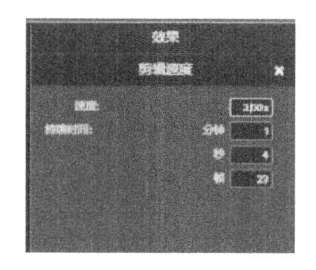

（b）"剪辑速度"的属性设置面板

图 8-12　"剪辑速度"的属性设置

第十三步，单击右上角的"分享"按钮，在弹出的下拉菜单中选择"自定义生成"→"添加/编辑预设"命令，如图 8-13 所示。

图 8-13　"自定义生成"命令

第十四步，在弹出的"管理生成预设"对话框中，单击"新建"按钮，如图 8-14 所示。

图 8-14　"管理生成预设"对话框

第十五步，在弹出"生成预设向导"对话框的"创建生成预设"界面中，设置输出视频的基本信息，包括预设名称、描述和文件格式，这里将预设名称设置为"01"，如图 8-15 所示。预设名称和描述可以方便用户日后的使用，文件格式决定了输出视频的基本格式。

图 8-15　预设名称设置为"01"

第十六步，单击"下一步"按钮，在"生成预设向导"的"Smart Player 选项"界面中，选择"控制器"选项卡，设置是否生成控制器。如果选中"控制器生成"复选框，就会在窗口中看到播放器样式的控制器，如图 8-16 所示；如果取消"控制器生成"复选框的选中，控制器就会消失。

图 8-16　窗口中看到播放器样式的控制器

选择"尺寸"选项卡，设置视频的输出尺寸。这里要注意的是，以原视频的尺寸输出时视频的质量是最高的，低于原尺寸会使视频体积变小，但高于原尺寸不会使视频质量升高。同时要确定选中"使用编辑规格"复选框，如图 8-17 所示，否则尺寸设置无意义。

图 8-17　视频的输出尺寸设置

选择"视频设置"选项卡，其中包含一些关于视频的参数设置，如图 8-18 所示，不需要过多讲解。需要注意的是，视频质量的调整，正常数值在 70%～75% 即可。

图 8-18　视频的参数设置

办公巧匠

第十七步，完成新格式的设置后，单击"下一步"按钮，打开"生成预设向导"的"视频选项"界面，在其中可以选择是否为视频添加水印，如图 8-19 所示。若要添加水印，选中"包含水印"复选框即可设置水印。

图 8-19　视频的水印设置

第十八步，完成水印设置后，单击"完成"按钮，返回 Camtasia Studio 的工作界面，单击右上角的"分享"按钮，在弹出的下拉菜单中可以看到新完成的视频"01"，如图 8-20 所示。至此，视频的录制便完成了。

图 8-20　"分享"选项

任务实训

学生自由分组，每组 5～8 人，每个小组就是一个视频录制小组，要求：根据教师指定内容，各小组自行录制一段视频素材，并形成展示文件，在全班范围内分享。

任务 8.2　视频格式转换——格式工厂

情景导入

重庆某中职学校一名语文教师正在制作教学视频，其中有一部分素材是通过录屏软件在电脑上录制的。录制的视频素材有许多地方需要删减，但这位教师没有用过视频剪辑软件。经其他教师推荐，最终她选择了功能强大却又简单易用的格式工厂，顺利完成了教学视频的制作。

格式工厂（Format Factory）是一款多功能的多媒体格式转换软件，可以实现大多数视频、音频以及图像不同格式之间的相互转换，具有设置文件输出配置，增添数字水印等功能。那它是怎么用的呢？

下载并安装格式工厂软件后，在桌面会产生格式工厂的快捷方式。双击该图标，即可打开格式工厂软件。

8.2.1　用格式工厂转换视频格式

第一步，打开格式工厂主界面，如图 8-21 所示，然后选择需要转换的视频格式。

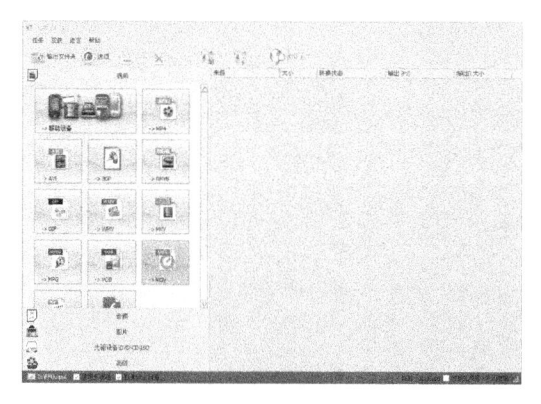

图 8-21　格式工厂主界面

用格式工厂对视频进行简单剪辑

该软件提供视频格式转换、音频格式转换和图片格式转换，界面上有相应按钮。第一项为视频格式转换。界面上显示的格式是你要转换成的格式，比如"-> MP4"按钮，表示可以把所有格式的视频文件转换为 MP4 格式的视频文件。

例如，我们要将某格式的视频转换成 MP4 格式视频，那么只要点击 MP4 图标，然后就会打开转换的操作设置界面，如图 8-22 所示。

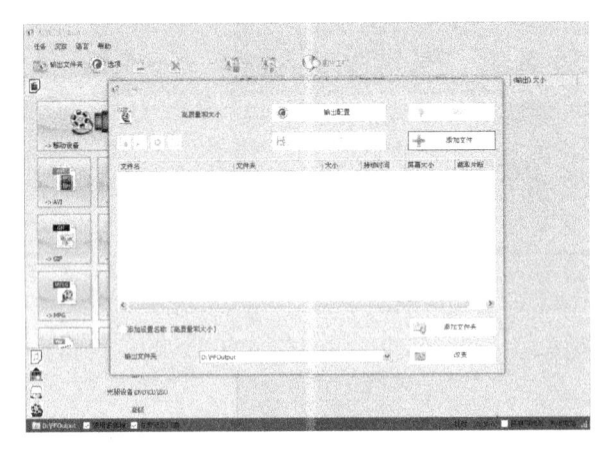

图 8-22　转换界面

在这里还可以选择输出文件存放地址，默认为"D：\FFOutput"。

第二步，单击输出配置，在这里有很多选项可以选择，如视频的质量和大小、字母、背景音乐等，要求比较多的朋友可以设置一下，要求不是很多的话，按默认设置即可。默认设置的视频参数（如帧频、比特率等）与原视频参数一致。如果需要视频合并，最好先右击视频文件看看视频属性，在软件中设置视频参数与要合并的视频参数一致比较好，如图 8-23 所示。

图 8-23　设置视频参数

技巧篇

第三步，转换单个文件选择"添加文件"，而转换多个文件就需要选择"添加文件夹"来添加需要转换的视频文件，如图 8-24 所示。

图 8-24　添加要转换的视频文件

添加完之后，如果想截取视频片段的话，我们只要双击文件即可，如果不想截取视频片段而想用完整视频的话直接单击"确定"按钮即可，如图 8-24 所示。

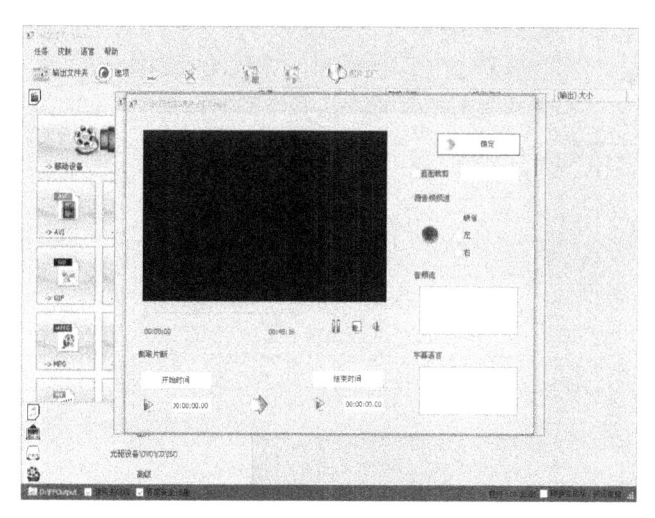

图 8-25　截取视频片段

第四步，都设置好之后，单击"确定"按钮回到初始界面，如图 8-26 所示。单击"开始"按钮，视频文件开始转换。转换状态栏会出现进度条，方便用户查看。

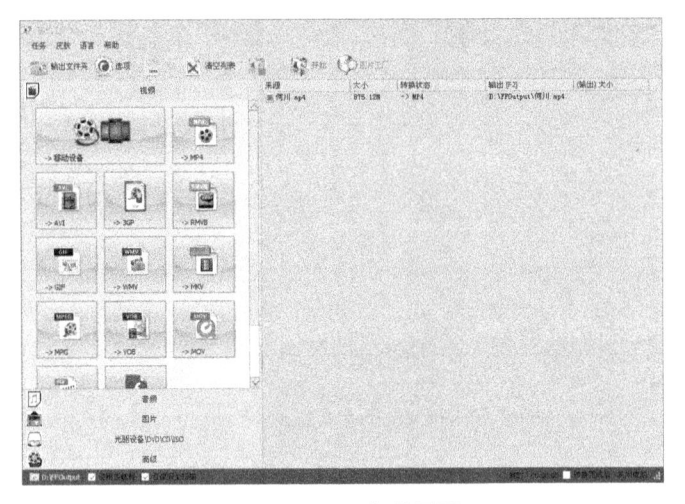

图 8-26　返回初始界面

转换状态显示完成之后，单击界面的输出文件夹就可以找到转换完成的视频文件了。

8.2.2 用格式工厂合并视频

第一步，打开格式工厂主界面，如图 8-27 所示。

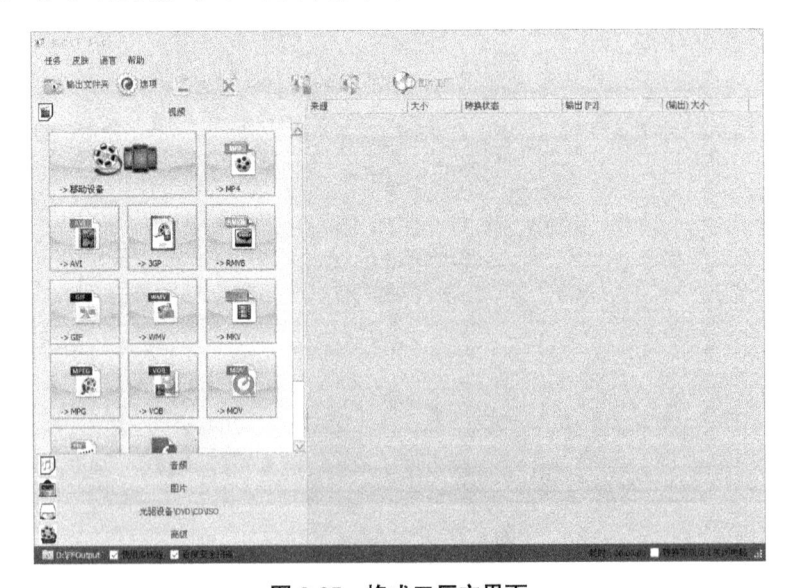

图 8-27　格式工厂主界面

单击下面的"高级"选项按钮，弹出"高级"选项对话框，如图 8-28 所示。

图 8-28 "高级"选项对话框

第二步,选择"视频合并",即可弹出"视频合并"对话框,如图 8-29 所示。

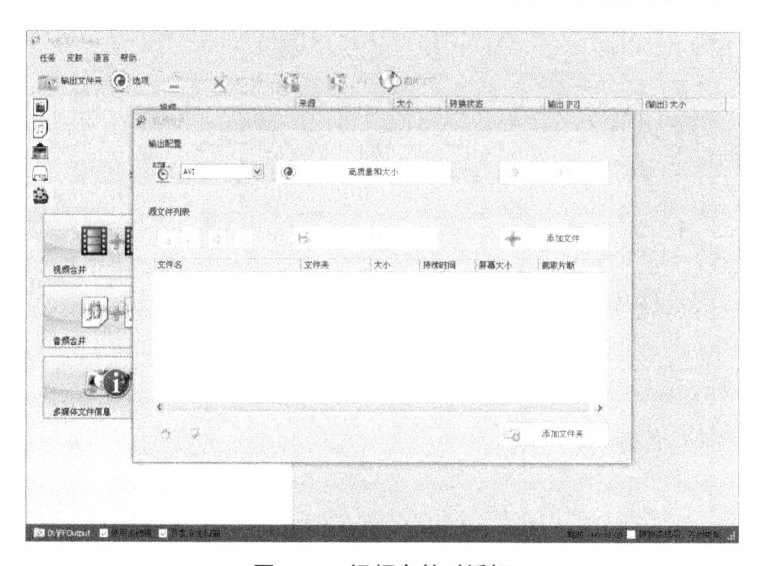

图 8-29 视频合并对话框

第三步,在"输出配置"窗口,添加要合并的文件,单击"添加文件"按钮。若要合并某个文件夹中的所有视频文件,请单击"添加文件夹",弹出"添加文件夹"对话框,如图 8-30 所示。

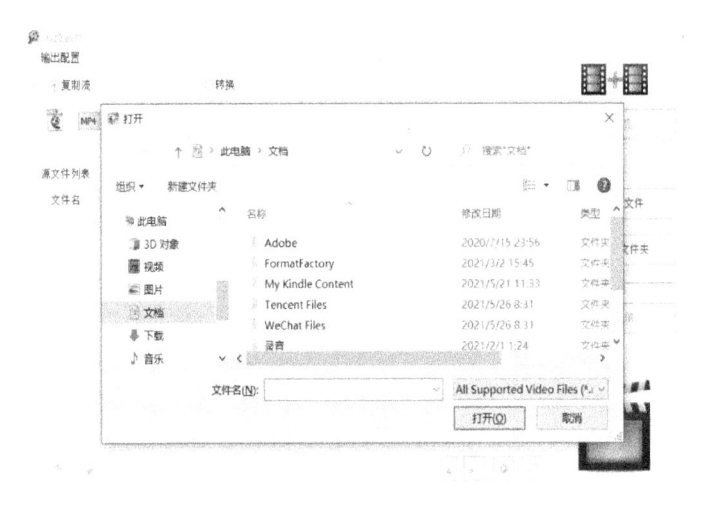

图 8-30 添加文件夹

第四步，找到自己想要合并的两个或者多个文件，添加进去之后，可以通过选项设置视频的开始和结束时间。如果只是单纯地合并，直接单击"确定"按钮，如图 8-31 所示。

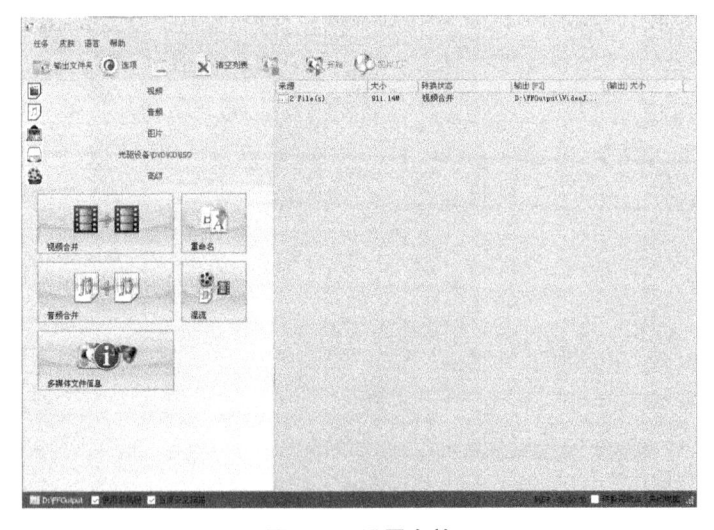

图 8-31 设置合并

回到主界面，我们就会看到刚刚建立的合并任务，单击工具栏的"开始"，格式工厂便开始合并添加的多个视频，等待任务的完成。任务完成进度达到"100%"之后，右击任务，在弹出的菜单中选择"打开输出文件夹"，我们就可以查看自己合并完成之后的视频了。

任务实训

学生自由分组,每组 5～8 人,每个小组就是一个视频制作小组,要求:根据教师指定内容,录制三段视频素材。然后各组分别对录屏得到的素材进行剪辑合并,去除无用片段,最终制作成一个内容精炼、完整的视频。最后教师与各组一起进行评比。

在线篇

项目 9　在线办公技巧

项目目标

◎知识目标

①了解电子邮件定时发送的设置方法。
②了解在线文档软件的功能和使用方法。
③了解在线问卷的制作、发放、回收流程。
④了解在线直播软件的功能和设置步骤。
⑤了解在线会议的开启方式和会议记录手段。

◎能力目标

①能够熟练发送定时邮件。
②能够熟练制作不同类型的在线文档和在线问卷。
③能够使用直播软件开展直播和开启在线会议。

◎思政目标

①通过小组互动共同完成学习任务来培养学生的团队合作意识和责任意识。
②在理论学习和实训教学过程中激发学生的学习热情,培养学生的沟通能力。
③通过直播学习培养学生的自信心和演说能力。

项目导图

项目 9 知识体系框架如图 9-1 所示。

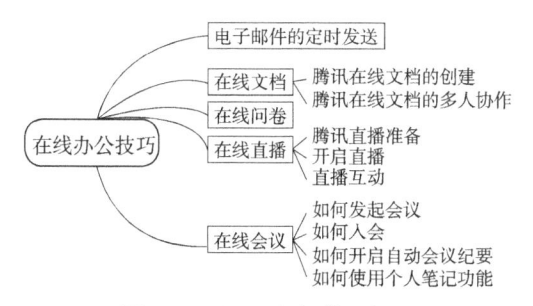

图 9-1　项目 9 知识体系框架

办公巧匠

任务 9.1　电子邮件的定时发送

情景导入

李华计划在中秋节前一天 18：00 给一位重要客户发一封重要邮件。但考虑到第二天是假期，自己可能正在回家的路上，那时会没空或者万一忘记了没有发，那就麻烦大了。李华决定趁现在有空，写好邮件并设置成定时发送的邮件。到了那天，系统果然按照李华的预置时间自动发出了这封邮件。

电子邮件的定时发送，并不是什么新鲜功能。常用的邮箱，如网易邮箱、QQ 邮箱都有此功能，且使用方法大同小异。我们以 QQ 邮箱为例发送一封定时邮件。

电子邮件

第一步，打开 QQ 邮箱网址并登录，或从 QQ 软件中直接进入邮箱。

第二步，写信。填写好收件人、主题、内容、附件后，先不要单击"发送"，而是单击"发送"按钮右侧的"定时发送"，如图 9-2 所示。

图 9-2　定时发送

第三步，在打开的定时发送时间设置对话框中，设置好具体发送时间，单击"发送"按钮即可，如图 9-3 所示。

234

图 9-3　设置定时发送的具体时间

第四步，执行以上步骤之后，定时邮件保存成功，如图 9-4 所示。

图 9-4　定时邮件保存成功

若在"写信"正文页的左下角，勾选"保存到'已发送'"复选框，则在"已发送"邮件列表中可以找到这封定时发送出去的邮件。

任务实训

学生自由搭配，互相给对方写一封电子邮件，并定时发送。下节课，教师统计定时邮件发送、接收成功的数据。

任务 9.2　在线文档

情景导入

李华要在公司统计一份数据，涉及人员遍及公司各部门，甚至有的人还在外地出差。而这些数据需要这些人自己填报。显然，拿着表格挨个去让人填写很不现实，而且那样时间上也来不及。于是，李华想到了腾讯在线文档。他在腾讯文档中创建一份等级表格，并设置成可多人实时编辑状态。在之后将表格链接发到了公司群中，并@了相关人员。仅仅半个小时，李华便将需要的数据信息收集齐全了。

办公巧匠

如今，可同时多人在线编辑的文档已经非常常见，如腾讯文档、钉钉文档、石墨文档、幕布等都可以实现多人同时在线编辑。下面我们以腾讯文档为例介绍其创建方法。

9.2.1 腾讯在线文档的创建

第一步，单击QQ面板上的"腾讯文档"按钮（图9-5），打开腾讯文档页面。也可以直接打开腾讯文档官方网址，然后用QQ账号或微信账号登录。

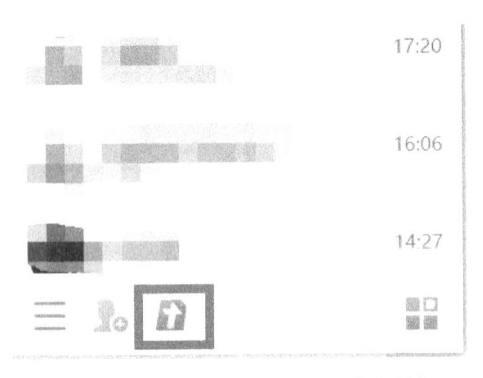

图9-5　QQ面板上的"腾讯文档"按钮

第二步，在主界面（图9-6）上选择"新建"或"导入本地文件"，都可以创建新文档。此处，我们以"新建"为例，单击"新建"，在弹出的对话框中选择要创建的在线文档类型，如图9-7所示。

图9-6　"腾讯文档"主界面

236

图 9-7　选择文档类型

第三步，选择"在线表格"则进入表格编辑页面，如图 9-8 所示。表格的编辑是实时保存的，其他文档类型的操作步骤类似。

图 9-8　表格编辑页面

9.2.2　腾讯在线文档的多人协作

1. 邀请他人一起协作

在线文档编辑完后，可"邀请他人一起协作"，如图 9-9 所示。单击该按钮，在打开的图 9-10 所示页面中单击"邀请好友一起协作"按钮，在弹出的"选择协作人"对话框（图 9-11）中选择指定的好友，然后单击"确定"即可。

图 9-9　邀请他人一起协作

图 9-10　邀请好友一起协作　　　　图 9-11　选择要分享的人

2. 分享文档给其他人编辑

在线文档编辑完后，可将其分享到其他群或 App，让更多的人一起协作文档。操作如下：单击"分享"按钮（图 9-12），在打开的分享页面中设置好文档权限后，可选择分享方式，如图 9-13 所示。

图 9-12　"分享"按钮

图 9-13　分享方式

在线文档

其他文档类型的操作方式基本相同，不再赘述。

任务实训

学生自由分组，组内成员各制作一份在线文档，在组内统计各人的兴趣爱好等信息。注意：同一组内各成员不得使用相同的在线文档软件，使学生充分了解幕布、石墨文档、腾讯文档、钉钉文档等在线文档的特点。

任务 9.3　在线问卷

情景导入

重庆某中职学校的一名班主任准备做一项关于学生在家学习情况的调查，调查对象为学生家长。若把学生家长召集到一起太过兴师动众，自己挨家挨户去拜访又太费时，最终该班主任选择了在线问卷，快速完成了这次调查。

随着网络的发展，问卷调查也多数出现在了网络上。常用的在线问卷平台有问卷星、问卷网、腾讯问卷等。下面我们以腾讯问卷为例，简单讲解如何制

作在线问卷。

打开腾讯问卷的官方网址，用 QQ 或微信账号登录。其主界面如图 9-14 所示。

图 9-14　"腾讯问卷"主界面

问卷的创建方式有 3 种：新建问卷、通过模版创建问卷、通过 Excel 导入问卷。

这里我们以新建问卷形式创建问卷，其他两种方式后续操作基本与此一致。

第一步，单击主界面的"新建问卷"，在打开的页面中选择问卷类型（图 9-15），如"选择问卷模板"。

图 9-15　选择问卷类型

第二步，在腾讯提供的场景分类中，选择合适的模板，然后单击右下角的"使用该模板创建问卷"按钮，如图 9-16 所示。

图 9-16　使用该模板创建问卷

第三步，在问卷编辑页面（图 9-17），可对问卷进行编辑、设置皮肤等操作，完成后切换到"投放"页面，选择问卷投放方式（图 9-18）。

图 9-17　问卷编辑页面

（a）问卷分享

在线问卷

（b）回答小组

图 9-18 问卷投放方式

第四步，问卷调查期限到后，可单击"开始回收"按钮回收问卷，统计结果。

任务实训

学生每人制作一份在线问卷，内容自定，调查对象为本班同学。在线问卷平台可自由选择。一定要有回收问卷的过程，以及问卷结果的汇总。将结果形成文字，填写在下面的空白处。

任务 9.4　在线直播

在线直播

情景导入

由于新冠疫情的影响，在线直播教学开始成为教师必备的技能。张老师是今年新入职的，之前没有参加过直播教学，因此学习在线直播教学成了她近期的主要任务。

如今，在线直播已成为一种重要的教学方式，常用的直播平台有腾讯课堂、钉钉等。下面我们以钉钉直播为例进行介绍。

9.4.1 课前直播准备

①建立钉钉班级群。如果学校已经开通了钉钉"家校通讯录",那么教师只要进入自己所在的钉钉班级群看看还有哪些学生未加入,将其添加进来即可。

如果自己的学校还没有开通钉钉"家校通讯录",那么教师可以自己组建一个钉钉班级群:点击手机钉钉主界面的十字按钮,在弹出的下拉菜单中选择"发起群聊",然后依次选择"分类建群"→"班级群"→"创建",如图9-19所示。最后通过如图9-20所示的几种方式将学生添加到群里。

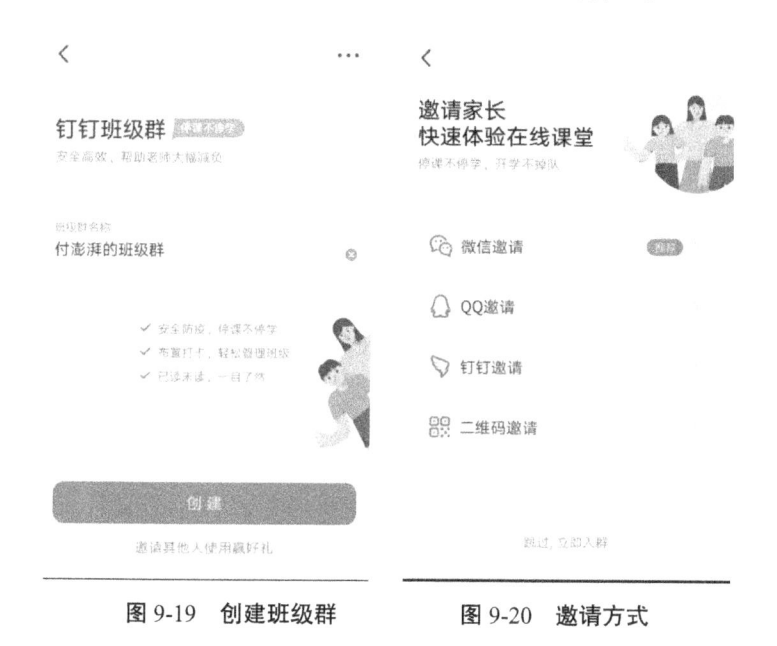

图9-19　创建班级群　　　　图9-20　邀请方式

②准备一台电脑或笔记本(如果笔记本自带话筒声音太轻还需要准备一个外接话筒)、上课的课件、课后作业的电子文档。直播对机器性能和网络有一定要求,直播前要进行调试和测试,确保无问题。

③提前发送通知学生准时参加上课。

④具备直播权限。只有认证企业的成员,并完成个人实名认证且年满18周岁的成年人才可以发起直播,请确认是否已具备直播权限。

9.4.2 开启直播

①进入钉钉班级群,点击"发起直播"(图9-21)。如果有多个任教班级可先选择其中的一个,其他班级运用"多群联播"一起加入直播上课。

图 9-21　发起直播

②设置好直播主题，直播模式与直播保存回放按默认设置即可。另外，不要忘记打开连麦功能的开关，如图 9-22 所示。

图 9-22　直播设置

③打开上课的课件（也可以正式开始直播后再打开）。

④露脸设置。开启后可实现画中画功能，让学生在看课件时能看到教师，如图 9-23 所示。

图 9-23　开启画中画功能

⑤声音设置。一般采用默认即可，不用去设置。如果直播时没有声音，可以对声音设置进行检查。

⑥多群联播设置。如果有多个班级任教需要同时上课，可以单击"多群联播"，添加其他的班级群，这样就能同时让多个班级的学生一起学习，如图 9-24 所示。

注意：这个功能需要直播的教师已经加入了其他班级群。

图 9-24　联播设置

⑦互动面板。打开面板后能看到实时在线人数及学生通过在班级群里发的互动信息。不过，因为打开后这个面板会占用屏幕，影响学生看课件，所以建议不打开 PC 端的互动面板，而是用手机钉钉也登录进入直播（注意手机要静音），如图 9-25 所示。

这样，教师用电脑直播上课，在与学生互动时，如选 1 还是选 2，学生在手机回复，教师就在自己手机钉钉班级群里看这些互动消息。

图 9-25　互动面板

⑧开始直播。一切准备就绪，就可以单击"开始直播"，倒计时 3 秒后直播正式开始。

9.4.3 直播互动

1. 连麦功能

（1）连麦申请

"连麦申请"相当于学生举手发言，它在手机端全屏画面中才能显示。

（2）点名发言

学生选择"连麦申请"后，互动面板就会跳出举手学生的姓名，教师可在"连麦列表"中选择学生进行面向全体的发言。连麦接通后，该学生的画面就出现在屏幕上，所有成员都能看到该学生并听到其声音。

2. 设置一些选择题让学生回答

学生大多是在手机上收看直播的，回复信息比较麻烦，所以教师可以多设置一些选择题（用数字标示），这样学生就能在收看直播时快速地回复答案。每次正式上课时先检测一下声音与图像效果，教师可以提问："同学们，你们能听到老师的声音吗？能听清的打个 1，不清楚打个 2，听不到打个 3"。学生回复后，教师再根据情况进行操作。

3. 拍照上传

教师在课堂中如果留的是让学生写一段话之类的作业，那么可以让学生在做好作业后用手机直接拍照上传。

任务实训

学生自由分组，组内开展两次在线直播交流。可邀请老师一起参加，进行指导。

任务 9.5　在线会议

情景导入

在企业中，人们由于受新冠疫情的影响选择居家办公，直播会议成了同事开会交流的主要方式。疫情过后，在线直播这种会议办公方式却保留了下来，并成为在线办公的主要应用。

无论是企业还是组织、机构，都有各种各样的会议要开，如公司内部的各种会议、与客户对接的会议。在以前，组织一次会议要做各种各样的准备，如场地、交通、住宿、饮食等。在如今的信息时代，在线会议的方式被越来越多的企业、组织、机构认可。只需有网络、有手机或电脑，便可随时随地开会，省时省力。

能够发起在线会议的软件有很多，如腾讯会议、钉钉、飞书等。其中腾讯会议既有 PC 端软件又有手机端 App，使用方便且功能强大，我们便以腾讯会议为例讲解其使用技巧。

9.5.1　如何发起会议

1. PC 端

依次将鼠标指针放在"快速会议"→个人会议号处，即可打开会议邀请菜单，可选择"复制会议号"或"复制邀请信息"（图 9-26），将复制的内容分享给要参会的人员，然后单击"快速会议"按钮进入会议页面，等待参会人员入会即可。

图 9-26　发起会议

2. 手机端

在腾讯会议 App 主界面单击"快速会议"按钮进入会议页面，然后单击右下角的"更多"→"邀请"按钮，在打开的界面中选择所需的邀请方式即可，如图 9-27、9-28 所示。

图 9-27　会议界面

图 9-28　会议邀请方式

9.5.2 如何入会

无论手机端还是 PC 端，都可通过会议链接、按提示拨号或输入会议号的方式进入会议，如图 9-29 所示。

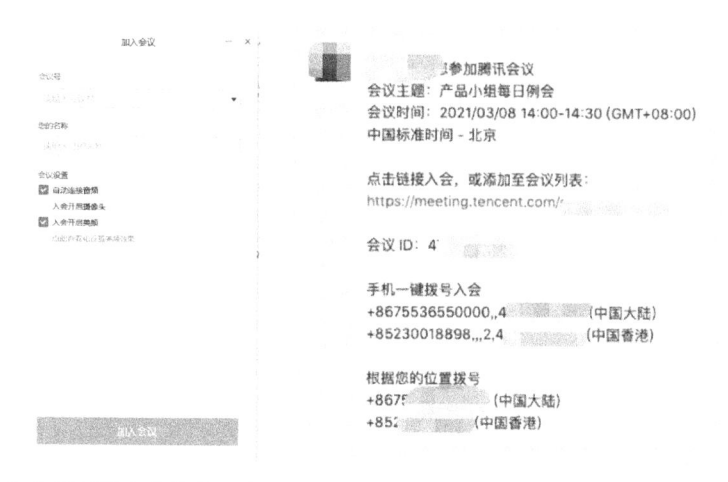

（a）通过输入会议号入会　　（b）通过邀请链接或拨号入会

图 9-29　入会方式

9.5.3 如何开启自动会议纪要

1. PC 端

在会议中，可在录制会议的同时开启自动会议纪要。具体方法是，单击"录制"右侧的三角按钮，选择"同时开启自动会议纪要"，再依次单击"录制"→"云录制"即可，如图 9-30 所示。

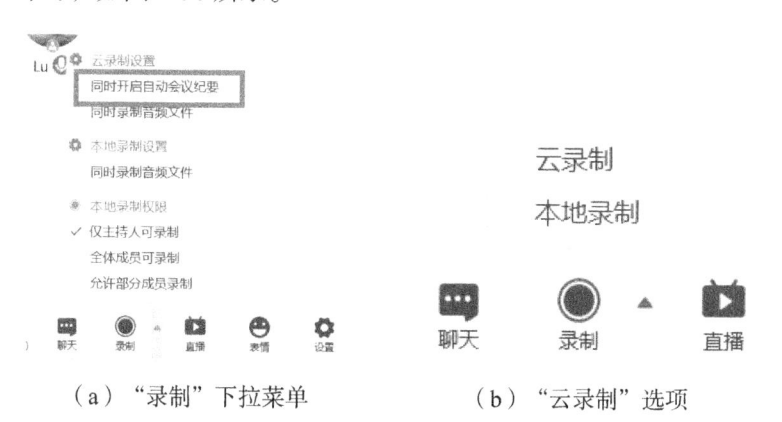

（a）"录制"下拉菜单　　（b）"云录制"选项

图 9-30　开启自动会议纪要

2. 手机端

在会议界面单击"更多"→"设置"→"云录制",开启"同时开启自动会议纪要"(图9-31),返回会议中后,单击"更多"→"云录制"即可。

图9-31 手机端开启自动会议纪要

当然,开启自动会议纪要的选项也可在会议开始前,在软件的"设置"选项中开启,此处不再赘述。

会议纪要可通过单击自己的头像,进入个人资料页,打开"我的录制"或消息中心查看。

9.5.4 如何使用个人笔记功能

在会议中,单击左下角的工具箱,选择"个人笔记"即可快速打开笔记,开始记录你的会议内容,如图9-32所示。记录完场后可选择"保存"也可选择"导出"。

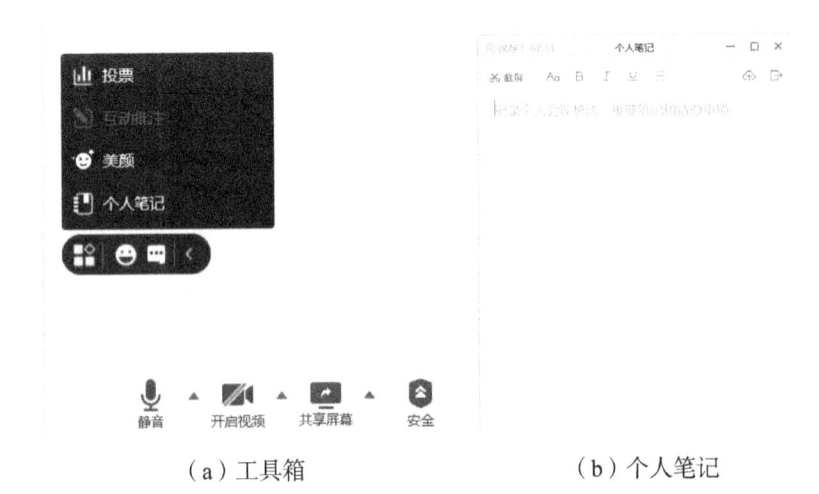

(a)工具箱　　　　　　　　(b)个人笔记

图9-32 打开个人笔记功能

会后如需查看个人笔记，可通过单击自己的头像，进入个人资料页，单击"我的笔记"即可查看。

任务实训

学生自由分组，组内开展两次在线会议，并做好会议纪要和个人笔记。可邀请老师一起参加，进行指导。

参考文献

[1] 蔡跃. 微课程设计与制作教程[M]. 上海:华东师范大学出版社,2014.

[2] 蔡飓,孙菲. 计算机组装与维护:慕课版[M]. 北京:人民邮电出版社,2018.

[3] 方其桂. 微课制作实例教程:微课版[M]. 2版. 北京:清华大学出版社,2019.

[4] 卢莹莹. Office 2019实例教程:微课版[M]. 北京:清华大学出版社,2021.

[5] 曲广平. 计算机组装与维护项目教程[M]. 2版. 北京:人民邮电出版社,2019.

[6] 夏丽华,吕咏. 计算机组装与维护标准教程:2018—2020版[M]. 北京:清华大学出版社,2018.